jass

叢書セミオトポス 15

日本記号学会 編

食《メシ》の記号論

食は幻想か？

新曜社

刊行によせて

日本記号学会会長　前川　修

『食《メシ》の記号論』が今回の特集テーマである。

二〇一二年ロンドン・オリンピック開催の折、シャモジを持ったタレントが一般家庭の晩飯に突撃するTV番組（と書けば、多くのひとはあれだと分かるだろう）が、ロンドンの家庭に突撃した回が放映されていた。訪問先の家はどこも大きく、そこそこ裕福な家庭だった。ところが、豊かな暮らしぶりの外見とは裏腹に、家の中で目にされた「隣の晩御飯」は、驚くほど「貧しい」ものだった。

スーパーで買った冷凍ピザだけが大きな食卓の真ん中にぽつんと置かれた晩御飯、チキンを丸ごとお湯に投入し、ぞんざいに湯切りして出来合いのカレーソースをかけただけの、失敗作としか思えない「チキンカレー」がメインの晩御飯、さらには、素うどんならぬ「素パスタ」を子どもに食べさせている家庭（お湯に塩も入れないので、おそらく無味だろう）まで登場した。こんな様子が驚きの光景として特集されていた。たしかに貧しい。しかし考え直してみよう。これの何が貧しいのだろうか。

＊

私たちはどうして食べることに過剰に意味づけしなければならないのだろうか。

そもそも食べることとは何か。よく考えれば、ひとが食べるもののほとんどが死体である。食べ物とは、魚であれ肉であれ野菜であれ、それはすでに死んでいるか死にかけているものであり、場合によっては腐敗させた＝発酵させたものである。だから単純化するならば、私たちの筒状の消化器官に腐りかけの死体を投入して消化吸収して排泄すること、食べるとはそういうことにすぎない（藤原辰史『食べること考えること』共和国、二〇一四年）。

だが、それだけでは終わらない。食べる前には複数の技法が介在してくる。まず料理という技法がある。たとえば、野菜を剝き、切り分け、細切れにし、肉や魚を捌《さば》き、開き、切り分ける。さらに生《なま》以外の場合には、それを焼く、茹でる、煮る、蒸す、揚げる、炒める、腐らせる、漬ける、混ぜる、和《あ》える。そして出来上がったものをそれぞれの器に盛り付ける。その工程には素手だけではなく、多種多様な調理器具も加わる。

食べる際の技法もある。かぶりつく、ふくむ、噛む、吸い込む、なめる、すする、舌にのせる、呑み込むという基本的な口の所作だけではなく、手、そして箸やカトラリー（刃物の総称）の操作も加わる。先に述べたような器に盛られたものが食べる技法と組み合わされてさまざまなコードが生じてくる。箸の用法だけを考えてみても数は多い。箸で剝がし、ほぐし、すくい、切り、裂き、そうしてのせたりはさんだりつまんだりして口へと運ぶ。マナーは数々あり、「何々箸」という禁止の所作を示す言葉も無数にある。実に面倒くさい。

そうして味わった後に食べたものを形容する言葉が無数にある（「美味しい」だけでなく、「モチモチとした食感が…」とか「舌の上で溶ける」とか）。どこの何がいつ美味しいのかという情報が加わることもあるし、そうした言説全体の流行り廃りを作り出すＴＶ番組やＣＭ、漫画や小説という表象がある。料理する動作や食べる動作を無数の漫符や擬態語が取り囲む。こうしてさまざまな言葉の技法やテクノロジーが食べる前後には入り込んでくる。

コンテクストはさらに増大していく。第一に、これまでどのように自分は食べてきたのかという自身の食べることの歴史が身体には澱《おり》のように沈殿している。第二に、誰と食べるのかという問題もある。かつて騒がれた「便所飯」、最近はやりの「ひとり飯」「孤食」という言葉は、共食せずにはいられない私たちの性《さが》を照らし出している。第三に、（擬似）医学的な言説もある。健康のためにあれを食べろとかこれは食べるなとかの指示もある――面倒だからサプリメントだけを摂取しているという「サプリ漬け」のひともいると聞く。さらには、料理本ならこれ、ネットでレシピとして便利なのはこれ、便利な調理器具が発売された、今はやりの食べ物はこれ、インスタに食事の写真をあげるのが「フードポルノ」だ、スマホを見ながら食べるのが肥満の原因だ……、もうほっといてくれと思ったことはないだろうか。たかが食べることである。それとも、そう考えてしまうこと自体が、「貧しい」ことなのだろうか。

＊

本書で何度か話題になる「アキバ問題」とか「アキバ飯」とは、こうした、食べることとは何か、どんな食が貧しいことなのかという問いに深く関わっている。丁寧に説明しておく。アキバ問題とは、本大会の実行委員長である秋庭氏の日々の食生活問題を指している。聞くところによると、彼は飯を作らない。近所にある三つの同じチェーン店のコンビニエンストアの出来合いの弁当を日々晩飯としている。弁当の選択基準は値引きの大きさである。理由は、面倒くさいから、それだけである。この話に、大会企画会議に出席した多くのひとが驚愕した――あまりにも周囲が驚いたためか、その後、秋庭氏は電子レンジを購入したが、そのレンジの入った箱も未開封のままらしい……。断わっておくが、彼はいたって普通の大学教員である。当初は「名古屋食《めし》」をテーマにした大会はどうかという提案から始まった議論の流れが一挙に「食《メシ》そのもの」に傾いたのは、この驚きゆえだったと覚えている。食べることへの意味づけをある意味で取り払ってしまうようなアキバ飯、それになぜ私たちは驚いてしまったのか。ここにはどんな前提があるのか。それを明らかにするには、「食べること」とは何かから考えなければならない。

＊

食べることをめぐるこれまでの数々の考察は、自然と文化という対立項のもとで考えられることが多かった。レヴィ＝ストロースの名を挙げるまでもなく、料理や食とは自然と文化がつながりあい、ぶつかり合う場である。神話と同様、自然の猛威を文化に落とし込む装置、それが食や料理である。第四部の討論で室井尚氏が明言しているように、食べることとはそもそも「呪われた野生」ではないか、その呪いを封じ込めるためのまじないのようなもの、それが料理や食、それにまつわるさまざまなコードであると言うこともできる。

だからこそ、食べることの本質を考えるには、一方で人が人を食べること（カニバリズム）というリミット、他方では食べない（断食や絶食や拒食）というリミットから考えていくのがよい。それが野生をあぶり出すからである。第一部の檜垣立哉氏の著書『食べることの哲学』（世界思想社、二〇一八年）でも両者は結びつけられていた。このうち、食べないというリミットについて、それも、檜垣氏が挙げる断食修行や拒食ではなく、収容所の食べ（ることができ）ない身体について考えてみよう。ヴィクトール・E・フランクル『夜と霧』（みすず書房、新版二〇〇二年）で描かれる強制収容所の囚人の身体のことである。日々食べることができなくなるにつれて、逆に食べること「自体」が彼ら自身の身体を貪り食っていく様子がそこでは語られている。食べることが自走し、自身のすべてのタンパク質を喰らいつくしてしまうのである。生きることの大前提であるかに思える食べることが、自身を食べてもとどまらないこと、これが、食べることの帯びている獰猛な野生であり自然である。食べることは生きることと必ずしも一致するわけではない。自己すらも他者として喰らってしまう「食べないこと」が、他者を喰らうことの極であるカニバリズムとつながっているのは、この野生性ゆえである——もしこんな深刻な例が不快ならば、もっと手軽な例として、某テレビ局で毎シーズン放映されている大食い王決定戦を思い起こしてもよい。私たち視聴者が同番組に釘付けになるのは、食べることが壊れたように暴走してしまう、「食べることの野生」をそこで垣間見てしまうからではないか。

話を元に戻そう。食べることの野生を封じ込めるための装置としての料理や食、ただし、それは両義的な装置であるにはちがいない。野生の脅威に晒されると同時に野生と距離をとる技法という、食と料理をめぐるコードがこれほどまでに何層にもはりめぐらされているのは、野生と切り結ぶためにはそうするしかないからである。別の言い方をすれば、私たちが食べるという、本質的には実は生々しい行為を誰かとともにし、美味しいという感想を言い合い、幻想を分け持つのは、そのつど野生を鎮めるための儀式なのだと言ってもよい。ひとり飯を撮影して画像をアップロードしたり、グルメ番組や料理漫画を読みながらひとりで飯を食べたりするのも、そうした儀式なのである。そしてどんな料理を食べようが、その味がどんなに不味かろうが、それらもまた同じ儀式である。だから、食べることに過剰に被せられた食や料理のコードを豊かさとして言祝いでいるだけならば、その根幹にある野生に私たちが日々晒されていることを忘却しているだけであり、ただ「貧しい」だけである。それは一見して自由でありそうで、きわめて不自由な食なのかもしれない。翻ってみれば、アキバ飯にひとが驚くのは、おそらく常日頃私たちが過剰に語っている食や料理のそうした貧しさや不自由さを、意図せずに照らし出してしまうからなのだろう。アキバ飯が単純に自由に見えてしまう、だから私たちは驚いたのである。

もちろんアキバ飯も自然と文化の拮抗から逃れているわけではまったくない。出来合いのコンビニ弁当や添加物まみれの食品には、自然を制御しようとするテクノロジーがふんだんに入り込んでいるし、スーパーで購入できる「自然」な素材にしても、さまざまな人工的テクノロジーを駆使して生み出されていることは明らかである。私たちの身体はそうしたテクノロジーから逃れられない。しかも、後期資本主義と呼ばれるこの時代において、近代的なテクノロジー、この、自然を制御して覆い尽くす技術自体が今度は暴走し、逆に過剰に私たちを覆いつくして侵食し、私たちの自己と他者の境界づけすらも失調させている状態（拒食や過食とはそうした症候である）を考えれば、テクノロジーの野生状態とでもいうべき状況が蔓延しているのだとも言えないだろうか。食べる野生とテクノロジーの野生、二種類の野生がぶつかり合い、そのあいだで脆弱であるがゆえに翻弄される私たち、おそらく食べることと食事の両者を意味する「食《メシ》」をテーマとした本書が繰り返し議論の焦点にしているのは、こうした新たな状況なのかもしれないのである。

食《メシ》の記号論——食は幻想か？＊目次

第Ⅲ部　食の両義性

第Ⅳ部　記号論の諸相

原案　河田　学
装幀　岡澤理奈

はじめに

日本記号学会第三八回大会実行委員長　秋庭史典

食と記号論

本書『セミオトポス一五号　食の記号論』[*1]は、二〇一八年五月、名古屋大学を会場に開催された日本記号学会第三八回大会をもとに編集された論集である。大会で食を取り上げたのは初めてと思われるが、こんにち食に関するさまざまな問題があることは、疑う余地がない。

臭《にお》いをかぐことも触れることも許されず、商品に貼られた情報のみによって購入・消費される「コンビニめし」を筆頭とする起源から切り離された食の蔓延[*2]。情報技術の進展が可能にした食のデータベース化ならびにソーシャルメディアを介して広がる家庭料理の変容[*3]。エシカルでサスティナブルな社会への貢献を目指した人工培養食材の生産や、VRやARを用いて味覚や食欲を操作し、ウェルビーイングの向上を目論む数々のバイオ・ハッキング[*4]。さらには食の未来を開くと同時に野生を再召喚するかにみえる昆虫食への注目……。さまざまなことが起きているのである。記号論はこうした変化を捉えることができるのだろうか?

幸いなことに記号論と食の関係は、長くて深い。ロラン・バルトがその著『表徴の帝国』のなかで、日本の食文化について縦横無尽に論じていたことなどが思い出されるだろう[*5]。しかしながら、食が大きく揺れ動き、それとともに自然／文化の関係が大きく変化している現在、参照点として重

＊1
大会では、食に「メシ」という読みを当てていた。この読みは開催地の名物「名古屋めし」に由来するだけでなく、食（しょく）という高級で洗練されたイメージとは異なる文化のあり方を示すために選ばれていた。

＊2
加藤直美『コンビニ食と脳科学――「おいしい」と感じる秘密』（祥伝社新書、二〇〇九年）、石川伸一『「食べること」の進化史――培養肉・昆虫食・3Dフードプリンタ』（光文社新書、二〇一九年）。

＊3
久保明教「家庭料理の臨界」『E!』第九号、第一〇号、二〇一六年。

要なのは、大会中なんども取り上げられた、クロード・レヴィ＝ストロースによる「料理の三角形」である。[*6]

自然／文化の対立を軸に、「生《なま》のもの」を上部の頂点、「火にかけられたもの」と「腐ったもの」を他の二点に据えたこの三角形は、「火にかけられたものは生のものを文化的に変換したもの」、「腐ったものは生のものを自然に変換したもの」[*7]など自然／文化の錯綜した関係を示している。さらにそこへ、未加工（水も器も使わない無媒介の操作）という点で「生のもの」と「串焼きのもの」、加工（水と器で二重に媒介される）という点で「腐ったもの」と「煮たもの」、操作は無媒介でありながら介在する空気の量が最大になるという点で「火にかけられたもの」と「燻製」の親縁性が重ねられる。[*8]

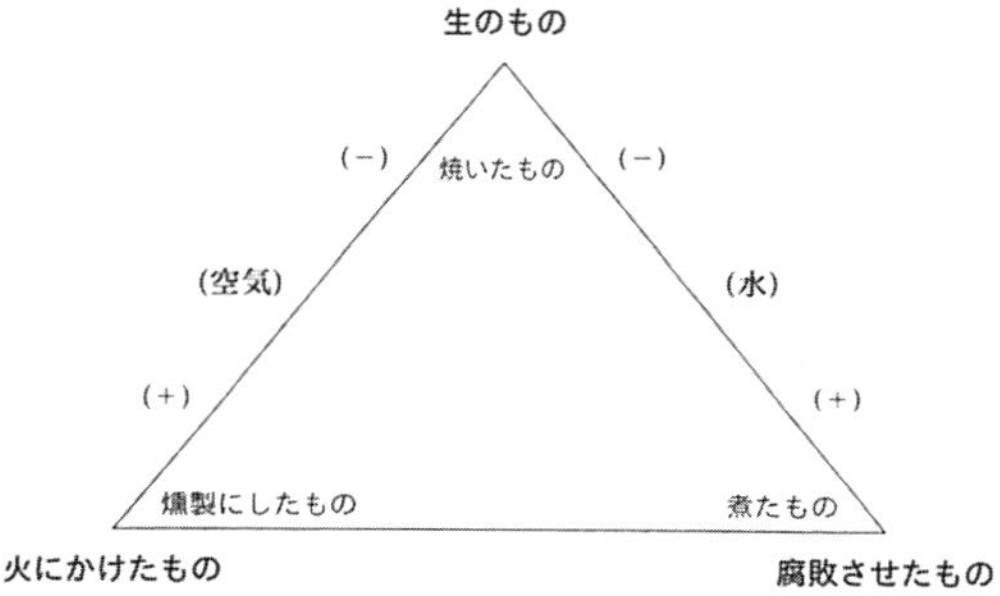

図　料理の三角形（檜垣『食べることの哲学』28頁より）

第三八回大会が、同じ年の四月に『食べることの哲学』[*9]を出版したばかりの檜垣立哉会員による講演からスタートしたのは、同書もまた「料理の三角形」を取り上げ、自然を人工的に「調理」する技法としての神話＝料理という考えから出発していたからである。そこから、自然と文化の接合点としての「腐敗」を前提とする発酵とそこにある時間の政治性、「食の下限」としてのカニバリズムと科学技術（特に人工生殖技術）の介入、食べてよいもの／よくないものの線引き、「食べない」こと（断食や拒食症）と性の結びつき、ネオリベラル資本主義と食の時短化など、現在の食をめぐるさまざまな話題が論じられた。

＊4　カーラ・プラトーニ『バイオ・ハッキング』田沢恭子訳、白揚社、二〇一八年。

＊5　ロラン・バルト『表徴の帝国』宗左近訳、ちくま学芸文庫、一九九六年。

＊6　本書カバーのヴィジュアルは、この三角形をもとに、河田学氏により制作されたものである。

＊7　クロード・レヴィ＝ストロース『神話論理III　食卓作法の起源』渡辺公三ほか訳、みすず書房、五五一―五五二頁、二〇〇七年。

＊8　同書、五五四―五六二頁。

＊9　檜垣立哉『食べることの哲学』世界思想社、二〇一八年。

本書の概要について

本書はそのようにして始まった第三八回大会をもとに編集されているが、異なる点もある。それも含めて本書の概要を確認しておきたい。[*10]

第Ⅰ部は、「食の現在」と題し、人類学者久保明教氏による「家庭料理」論と檜垣氏による「食べないこと」についての哲学的考察を収めている。久保氏の論考前半では「アクターネットワーク理論」（ＡＮＴ）が取り上げられるが、重要なのは、それが、「料理の三角形」の前提する自然／文化の区別を無効にするマテリアリティの記号論として導入され、それをもとに家庭料理＋情報環境の変遷が語られていることである。実際それが料理の三角形に代わりうるものか、吟味していただきたい。檜垣氏の論考は、大会講演では十分に述べられなかった「食べないこと」と「性」について、精神分析でいう「家族複合」を批判的に検討しながら論じている。大会では、第1セッションでの檜垣氏の基調講演ならびにそれを受けた久保氏の議論を、「食の原点と現在」というタイトルでまとめていた。そのため、大会第1セッションの進行役だった河田学会員に「第1セッション「食の原点と現在」を終えて」をお願いし、当日の議論の一端を回復していただいている。

第Ⅱ部「マンガにおける食の表象」では、「マンガは何を食べてきたのか」をめぐり、進行役で視覚文化研究者の佐藤守弘会員、ゲストとしてお招きした『目玉焼きの黄身、いつつぶす?』で知られるマンガ家のおおひなたごう氏、ならびにマンガ研究者で思想史がご専門の吉村和真氏により行われた発表と鼎談が収められている。佐藤会員もまた「料理の三角形」から始め、文化の二乗としての「食卓作法」さらには「共食・マナーの問題」へと発展させるが、それは仲の良いカップルが「目玉焼きの黄身をいつつぶすのか」で大いに揉める、おおひなた氏の作品への導入となっている。当該シーンのおおひなた氏による「実演」も収録されているので、ぜひご覧いただければと思う。

*10 第三八回大会については、本書巻末の「資料」頁を参照していただきたい。

秋庭史典氏

吉村氏は、手塚治虫『ロストワールド』の分析を通じ、そこに食と性、カニバリズムの問題が内包されていたことを指摘しており、檜垣氏の議論とあわせて興味をそそる。

第Ⅲ部は二つの部分からなる。「創造活動としてのヘボ追い」は、大会でも全体討論と合わせてひとつのセッションを構成していたものである。岐阜県や長野県では「クロスズメバチ」のことを「ヘボ」と呼び、「ヘボ追い」とはクロスズメバチの親を集団で追いかけその巣を突き止め蜂の子を取る作業のことを言うが、東京出身でありながらこの「ヘボ追い」とそこにある「創造性」に魅せられ、ついには自分もその実践者となった建築家山口伊生人《いおと》氏による論考が収められている。「ないものは買う」都市の生活と「ないものは作る」環境との違い、売り場にないものは食べ物でない都市と自ら食べられると認識したものが食卓に並べられそれをみんなで食べる環境との違いは、自然と文化の関係の変容だけでなく、大会第1セッションで指摘された食の政治性、第2セッションでの共食の問題などとも結びついていくことだろう。

「全体討論」は、大会でも最後に置かれていたセッションで、ここまで哲学・人類学・視覚文化論・昆虫食研究など、それぞれの観点から広げられた食についての議論を、座長で美学者の室井尚会員が一気に収束させていくスリリングな過程を味わうことができる。殺して食べること／文化としての食、標準化（産業化）／地域性、共有／秘匿といった、食をめぐるさまざまな両義性が繰り返し俎上に載せられ、そのたびごとに会場を巻き込み議論が深められていくのである（セッションで主題化されなかった食とテクノロジーの問題にも触れている）。

レヴィ＝ストロースは、三角形を構成するカテゴリーについて、それらは「空虚な形式」にすぎず、それらが実際に何を意味するかは、その都度外部から画定されるほかないという意味のことを述べている。[*11] 本書がそうした新たな画定の場となりえたのか、また料理の三角形に代わる新しい食

＊11 『神話論理III　食卓作法の起源』五五二頁。

の記号論の可能性を開くことができたのか。それについては、以下の論考を実際にお読みいただき、ご判断を賜れれば幸いと考えている。

第Ⅰ部

食の現在

食べないことの哲学　ラフスケッチ──『食べることの哲学』の余白に

檜垣立哉

はじめに

筆者は二年ほど前に、『食べることの哲学』（世界思想社、二〇一八年）を上梓した。そこでは「食べる」という、人間が生物であるかぎり避けて通ることのできない行為にかんして、それが別の生き物を「殺して」成り立つという視点を一貫させ、さまざまな主題について論じてみた。そしてその書物の最終章として「食べないことの哲学」を付し、食べることのゼロ度である「食べない」ことについて、ほんの少しだけ言及をしておいた。

食べることに食べないことを対置するのにはおおきな意義がある。人間のみが、おそらく、レヴィ＝ストロースのいう意味での「料理」をなし、栄養摂取と個体維持をおもな目的とする「食べる」ことに、美的観点、社会的なつながりの確保（家族や仲間内、あるいは会社や共同体での共食）、あるいは経済力の誇示をむすびつけている。そこでは栄養摂取は、いわば二の次のようにあつかわれるものだろう。

しかし同時に、人間のみが「意図的に食べない」ことが可能な生物であることも確かである。動物が食べないということはない。食べられないことはあるだろう。たとえば体力が弱り、もはや自分で摂食をすることができないということはある（狩りができないという意味でも、摂食自身が不

檜垣立哉氏

能になるという意味でも）。気候変動や環境の問題で食物がなくなれば、動物は餓死するよりほかはない。しかしこれは、人間のように内的な意味で「自ら食べない」ということではない。「食べないこと」は直ちに死を意味するので、こうした議論は、動物には自殺ができないという哲学的な命題にもつながっていく。

「食べないこと」にはいくつかの類型がみてとれる。きわめて社会的な意味が強いものとしてハンガー・ストライキがある。ハンガー・ストライキは抗議のための自傷行為であるが、表面上は非暴力的にみえるため、多くの政治闘争の場面でなされてきた。だがこれは、「食べない」ことがまさに「死」（この場合は抵抗の「死」）に近接していることを明らかにするものでもある。「食べないこと」はかなり「危険」なのである。

もう一つの典型的な類型とは宗教的なものである。基本的に宗教的な戒律において、特定のものを食べない、あるいはある一定期間食べない（イスラムのラマダンなど）ということはよくなされることでもある。それは食における浄と不浄の問題とかかわる。またそこでの食べてよいものと悪いものの区分は、宗教のみならず、現在においてはある種の生命倫理の姿勢と実践につながっていることはいうまでもない（ヴェジタリアンやヴィーガン[*1]を想定している）。これらは宗教ではないが、ある特定の倫理的原則をもちつつ、食べるものを制限する。

ただこれも、極北の姿を想定すれば、ハンガー・ストライキと同様に何も「食べない」ことにいきつくだろう。『食べることの哲学』でも記したが、東北地方で散見される「即身仏」や、西日本の海岸沿いで伝統的になされた「補陀落渡海」（聖者が船にのり、木箱のなかに閉じこめられ、海に流される）は、その典型的なものである。これは、生物を殺さないというある宗教的理念を極限化した「聖」なる概念にむすびつく行為であることはいうまでもない。即身仏はある種の信仰対象と

＊1 動物を食べないだけではなく、卵、乳、脂などの摂取や、革製品の使用などもおこなわない主張をする菜食主義のこと。

して後に残り、補陀落渡海の船はたいていの場合波間に消えてしまう。とはいえ、これらは常識的に考えても、相当な苦しみのなかで自死する行為であり、それゆえ、その当人は聖人としての地位を確固とする。自己破壊的であれ、これはまさしく人間的な行為（人間しかなさない行為）といえるだろう。

現代において、このような徹底した行為は考えがたいかもしれない。だが、宮沢賢治のいくつかのテクストのなかには、食べることの拒否という主題が明らかにみてとれるし、それが現在においても読まれつづけていることは、心的な根底の部分に類似の発想が息づいていると考えることもできる。

しかしながら、現在において「食べないこと」を論じるとき、これとは少なくとも表面上は異なるようにみえるある事象がクローズアップされてくる。それは「拒食症」、もしくは「摂食障害」といわれるものである。

「拒食症」や「摂食障害」が近現代の病であるのかどうかは意見がわかれるところであろう。宗教的聖者たちが、現代的な視点からは統合失調症の患者である（正確にいえば、そうとも理解できる）のと同様に、過去の「食べない」という事例を摂食障害の一パターンとして診断することも可能かもしれない。だが、「拒食症」については、一面では明らかに資本主義的な消費社会のなかで、そこでの旧来の家族や共同体的なコミュニティの解体を背景として、その質も数も増大していることはいうまでもない。「食べないことの哲学」についてスケッチするときに、この点について考慮しないわけにはいかない。

とはいえ正直にいえば、この領域は、「臨床」や「当事者性」が強く効いてくるものである。そうしたフィールド実践の現場をもたない哲学者にとって、何か断定的なことをいうのは容易ではな

＊2　Ginette Raimbault et Caroline Eliacheff『天使の食べ物を求めて

い。ここでは管見にはいるかぎりで、そこから哲学的思考をひきだせるとおもえたG. RaimbaultとC. Eliacheff（翻訳であるが、著者名は原語のままである）の『天使の食べ物を求めて』（ただし原題は『手に負えない／不屈の女性たち』とでも訳せるものである）[*2]とその付論である松本卓也の解説「拒食症の思想」、および専門誌『精神科治療学』の特集号を適宜参照しながら、この問題に対するひとつのとらえ方を提示したい。

拒食とは何か

『天使の食べ物を求めて』の第一章をみても専門誌を読んでも、拒食症についての記述はどれもほとんどかわらない。まず、それがとりわけ若い女性に発症しやすいものであること（男性との対比は、統計のとりかたによっては変化するだろうが、10~20対1で女性が多いとされている）[*3]。そして拒食症に類似する事例は相当古くからある（日本では江戸時代の事例がひきあいにだされもする。[*4]『天使の食べ物を求めて』においてもかなり広い時代設定がなされている）が、二十世紀中期以降にきわだって数を増やした病であること。さらに拒食は食べないというだけではなく、過食とそれにともなう嘔吐が一連のものとして伴い、ただ食べないという事例は（少なくとも近年の拒食症では）あまりないこと（それゆえ「摂食障害」という表現がなされる）[*5]。これらである。このことは、直ちに哲学的な問いをいくつも提起してくれる。

女性性にかかわる病であるということは何を意味しているのか。これについては、近年では拒食症は、資本主義的な消費文化のなかでの「みられる身体」に連関させられがちである。もちろん男性も「みられる」身体を所有していることはいうまでもない。だが、モードにあわせたダイエットや、またファッションモデルの身体との同化を希求するのは多くは女性である。たいていの男性

——拒食症へのラカン的アプローチ』加藤敏監修、向井雅明監訳、佐藤鋭二訳、三輪書店、二〇一二年（以下の引用は翻訳の頁数を示す）。原書は *Les indomptables: Figure de l'anorexie*, Odile Jacob, 1989, 1996, 2001。邦題の『天使の食べ物を求めて』は本文中の聖カテリーナ（同書、三八三頁）の言葉に由来する。このほかにも『精神科治療学』（星和書店）の特集「摂食障害の今日的理解と治療Ⅰ・Ⅱ」Vol.33, p.11, 12も参照した。

＊3 『天使の食べ物を求めて』一〇頁。

＊4 小牧元「摂食障害治療の変遷と現在」『精神科治療学』Vol.33, N.12, p.1385(3)。

＊5 ただしこの点についても、過食は嘔吐のためになされる例もあり、全体として食にかんするコントロールの失調ではあるものの、最終的には嘔吐も含め「拒食」が前面にでるものであると考える。

は、痩せた身体には比較的無頓着である。そしてファッション誌などの影響によって、痩せた身体を求め、そうした体型の維持に歯止めがきかなくなり、「拒食症」につながっていくのは女性が多い。『天使の食べ物を求めて』では、十九世紀のオーストリア皇妃エリザベートこと愛称シシィが、その先駆的な例にあげられている（シシィの場合は自己の身体スタイルへの崇拝が家族複合的な側面から必要とされた）。彼女はほとんど食べないのみならず、化粧室にジムをつくって過激な運動をし、身体を痩せさせることに専念した。[*6] それはダイレクトにではないが、現代的な位相ともつながるだろう。

これは拒食に対する「社会的」な側面である。だが原理的に別の側面も考えられる。

それは女性が子供を生み育てる主体である以上、過去に遡るように自らの生育歴を家庭のなかに探り、さらにそれを子育てのなかで反復させていく存在だということである。そして、その場面で家庭の機能不全が生じるとき、そうした欠落をひきうけることが、自らの身体への攻撃性へと転化しがちなことがある。もちろん男性も家族のうちにあり、そのなかで特定の病（精神病、統合失調症）を発症しもするだろう。しかし拒食の例は特殊である。私にはそれは、女性がこうした家族の場面において、自ら身体から産まれ、かつ身体を産むという意味で独自の立場性をもっていることと関連するのではとおもわれてならない。母と娘の問題は、精神分析においては傍流である。だが、拒食症が女性に偏った病であるということは、こうした別の方向とのかかわりがおおきいとおもわれる。本稿で主張したいことの核心であるこの点の検討は、のちにまわすことにしたい。

また『天使の食べ物を求めて』では、時代的な知見にあわせた訂正が必要とされながらも、「生物学的」な原因がとりいれられてもいる。そこでは、生物学者フランソワ・ジャコブがとりあげられ、松本卓也はDNA配列だけではないエピジェネティクス的な個体発現の観点から（要は成育環

＊6 『天使の食べ物を求めて』一〇〇—一〇一頁。

境をいれこみながら）この病を解釈しようとしている。[*7] 生物学的な知見が、それだけで意味をもつことは少ないだろう。だが、専門誌でも書かれているように、「bio-psycho-social 各側面について、過去から現在、そしてこれからを連続的に捉える観点[*8]」が重要であることは確かだろう（ただし生物学的な側面については本稿では触れられない）。

おもに女性の病であること。資本主義的消費社会で強調される症状であること。そして往々にして精神分析が提示するように、家族のなかでの女性のあり方とかかわるものであること。その理解には、生物的‐精神的‐社会的な関連総体が必要であろうこと。これらにはとりあえず異論はない。だが、これでもまだ、この病が女性の病であるということの問いは消えない。さしあたりそれが精神分析の言説と連関しつつ女性の特殊性を浮き立たせる局面を検討してみよう。家族複合（complex）がそれにあたる。

家族複合

家族の問題が、精神病一般においても、拒食症でも、きわめて重視される論点であることは明らかである。まずは家族において、拒食症がどのようにとらえられるのかをみてみよう。

松本卓也の「拒食症の思想」でも、家族性はやはり強調される。[*9] そこでの論点は、まずは精神科医メラニー・クラインの対象関係論の援用であり、母子の離乳をめぐる対立がテーマとされる。クラインによれば、まず生後三〜四ヶ月の「妄想‐分裂ポジション」における幼児と乳房および母乳の関係、ついで生後四〜六ヶ月での「抑うつポジション」における母親の全体性の想定が重要であるとされる。「妄想‐分裂ポジション」では、授乳期の乳房がとりあげられ、良い乳房／悪い乳房（すなわち母乳を与えないもの）が対立的に描かれ、それらは部分対象（ラカンのいう対象ａ）を

＊7
同書、四二四頁。

＊8
松本寿人「摂食障害の今日的理解と治療」『精神科治療学』Vol.33, N.11, p.1271(3)。

＊9
『天使の食べ物を求めて』四〇三頁以下。

なすとされる。これに対し、幼児の年齢があがった「抑うつポジション」においては、乳房＝部分から、「母」という全体の統合が生じてくる（ちなみにドゥルーズの『意味の論理学』は、同様の議論を、身体からの言語の成立にかさねあわせるものである）。[*10] これは人間が、「母子関係」を中心に自己を形成し、それを軸となす「家族」を介しつつ成育することを原理的に示す場面である。

また、こうした場面をのぞいても、『天使の食べ物を求めて』でとりあげられる神話を含む四つの例、すなわち、オーストリア皇妃エリザベートこと愛称シシィ（十九世紀、オーストリア＝ハンガリー帝国）、アンティゴネー（ギリシア神話でソポクレースの『コロノスのオイディプス』など『テーバイ三部作』の登場人物、ただしこの事例は神話的人物をあつかうという意味でかなり特殊なので、以下では詳述しない）、シモーヌ・ヴェイユ（二十世紀　フランス）、シエナの聖カテリーナ（十四世紀、イタリア）は、現在の「拒食症」そのものではないが（過食と吐くという一連の行為はあまりとりあげられない）相当に拒食的な振舞いを示す事例とされており、その原因として家族の問題が必ず論及される。曰く、シシィにかんしては夫や継母との関係や子供の死、アンティゴネーにおいては父オイディプスと兄との関係、ヴェイユにおいては共産主義的主張のなかでの家庭・学校・職場における対立や数学者である兄などとの関係、聖カテリーナにおいては双子の妹や、姉の死、結婚をめぐる拒絶などである。拒食の理由としても、こうした「家族複合」的な側面がもちだされる。

ただこれにかんしても、この段階で、さまざまなことをのべることができるだろう。「家族」が拒食症のある種の要因であることは想定上ありえないことではない。だがここで、まずはクラインの議論を承認するとしても、それだけでは拒食症に男女差が生まれる理由、つまり母娘関係が拒食症に強い意味をおよぼす理路はよくわからない。また家族複合的な側面が重視されるのは、一般に

＊10
ジル・ドゥルーズ『意味の論理学』小泉義之訳、河出文庫。とりわけ下巻を参照のこと。ただしドゥルーズは「抑うつポジション」のあとに（それを高所の形成としたのちに）、「去勢コンプレックス」という別の位相を提示している。

精神分析における常道的手段である。だがこれでも、男性の発症の少なさは説明できないのではないか。

さらに付言すれば、フロイトからラカンまでの精神分析的記述は、基本的には西洋のブルジョワ家庭を対象としている。しかし『天使の食べ物を求めて』の記述の多くは、そうしたブルジョワ家庭以前のものを多くあつかっており、かなり時代に差異がある。聖カテリーナの例（生まれたときに二〇人以上の兄姉がいた）などは現代ではあまりみられないだろう。またフロイトやクラインの記述は、現代の資本主義社会における家族の解体的局面を織りこんでいるものではない。

ただし逆にいえば、そうであれ、日本での分析においても[*11]家族はおおきなファクターとされている。[*12]これはどう考えればよいのか。家族という事情についてもう少し議論をひき絞る必要はないのだろうか。

ここであえてクラインの議論に戻ってみる。そこでの「授乳」は、人間にとっては、たとえ生物学的な母親でなくとも誰か女性（あるいは女性に擬するもの）[*13]がなさねばならない必然的段階である。それゆえ、そこでの葛藤そのものについては、ある種の普遍性において考察することが可能である。また思春期の女性には乳房の発達が（消費社会の「みられる」視線にとっても）おおきな意味をもつことは確かである（加えて初潮の問題もある）。女性に「なる」ことが明示されること、つまりは「産む準備をなす身体」を突きつけられるという点で、これは拒食のおおきなファクターであることは考えられうることである（それゆえ、さまざまな意味での「抵抗」を生じさせもする）。また、母乳を飲むという行為は、生きている生物からそのまま生《なま》の食物を摂取するという、かなり特殊な事例である。こうしたテーマの方にこそ着目すべきではないのか。

＊11
たとえば中井久夫「家族の表象――家族と関わる者より」（『つながり」の精神病理』ちくま学芸文庫）などは、欧米の理論をもちいながらもきわめて繊細な家族とのかかわりの場面が記述されていく。それらの記述はときにきわめて日本的である。

＊12
小牧元「摂食障害治療の変遷と現在」『精神科治療学』Vol.33, N.12, p.1389(7)。

＊13
無論、男性が母乳をもちいずに育児をするケースはあるが、その場合でも、クラインの考える「乳房」は、「授乳にともなう人工物」であれ「母そのもの」と考えるべきではないか。

死と欠如

しかしここでは家族複合についてもう少しつきあってみる。このような家族複合をあつかいながら、『天使の食べ物を求めて』の筆者も、そして解説者の松本もとりだしてくるのが「死」との関係である。それは拒食症が、そもそもその極限に「何も食べない」を想定することをおもえば不思議ではない。だが、私には、ここでの事例では、他者の死による欠如および自責を原因とする自己の死への傾斜が前面にですぎているようにおもわれる。

例としてとりあげられる一番明確なものは、子供の死である。シシィは、典型的な拒食症にもみえるが、その発端には子供の死がある（それとともに、義母の死を願うということがある）。聖カテリーナの例では、双子の妹の死や姉の産褥期の死がおおきな契機をなしていると語られる。近代以前の社会において出産と死は隣りあわせであり、ここにも現代との差異をみなければならないのかもしれない。だが、しかし誰かの死が「食べない」という衝動を生むことは理解できないわけではない。これはまさに、メラニー・クラインののべる「抑うつポジション」が、「贖罪感」や「埋め合わせ」と連関することにもつながるだろう（ドゥルーズも、この段階の「欠如」や「贖罪」について「失われたもの」という仕方で語っている）[*14]。そして贖罪感のなかで一番おおきいのが肉親の死であり、それに対する罪の意識が心的に過大な負担になることはよくわかる。

女性とのかかわりでいえば、先の母乳をめぐる闘争の別ヴァージョンがここで示されているともいえる。子供を産むことができるのは、現在のテクノロジーをもってしても子宮をそなえた存在者としての女性だけである（人工授精もクローンも子宮を必要とする）。すると子供の死を、自分がこの世に産出した「身体＝肉」の消失として把握できるのは女性だけだということになる。男性においても、子供の死が相当な傷を与えることはもちろんありうる。だが、女性性が強調される拒食

＊14
『意味の論理学』下巻、第二七セリーなどを参照のこと。

からみれば、こうした身体＝肉の世代的連関という事態はやはり重要なのではないか。それがクライン的に「贖罪」という主題と連関させられるのであれば、子供の死による拒食症の発症は、自己の身体＝肉の無化によってそれを「埋め合わせる」ことそのものではないか。

ただこれもまた、現代においてきわめて多数を占める思春期の拒食症にそのまま適応できるのか反論をなすこともできる。資本主義の成熟した国では初産年齢は遅くなる一方であり、シシィや聖カテリーナの時代（一五、一六歳あたりでの結婚や出産が語られている）と同じにあつかうことはできない。だがそうではあれ、これを一種の観念的なものと想定すれば、女性は子供の死と欠落とに特殊な仕方で関与するとはいえるだろう。

松本はこうした欠如と他者にかんする思考を、ラカンの欲望のグラフにかさねあわせ、母乳を摂取しないという拒食のひとつのかたちである埋め合わせについて、ヒルデ・ブルックのつぎの文章を引用する。「〔拒食症者の親たちは自分の家族には問題がないというが〕彼女一人だけが家庭の中の緊張に気づいていて、両親の関係に欠けているものを埋め合わせる義務が自分にあると考えていたのかもしれない」[*15]。これはクライン、欠如、家族複合の系全体をつなぐものであるが、そのあとで松本はこうつづける。

「だからこそ、ラカンは、拒食症者は「食べない（manger rien）」のではなく、むしろ「無を食べている（manger "rien"）」とのべたのである。拒食症者は否定的にしか示すことができない無、すなわち対象aを食べ、あらゆる要請が物質的な水準の問題として処理されてしまう世界に対して、欲望という穴を穿つ」[*16]。

これは、クラインを通じた前記の「欠如」のラカン的普遍化であり、ここでは子供を現実に亡くすかいなかはいっさい問題ではなくなる。現実的な喪失は、理念的なそれにとってかわられている

＊15 『天使の食べ物を求めて』四一〇頁。孫引きになってしまうが、おおもとは H. Bruch, *The Golden Cage: The Enigma of Anorexia Nervosa*, Harvard University Press（邦訳、『思春期やせ症の謎――ゴールデンケージ』岡部承平ほか訳、星和書店）からのもの。

＊16 同書、四一〇頁。

からである。

聖なるものと拒食

またそれと同時に、松本も、『天使の食べ物を求めて』も、拒食症を一種の「聖」なるものとのつながりにおいてとらえている部分がある。ここでとりあげられる例がヴェイユや聖カテリーナであることを考えれば、苛烈な餓死に近い彼女らの生の終わり方に、ある種の聖性につながる理念をみることは必然かもしれない。これは拒食の問題を、宗教的断食へと接近させる。その点について少し検討してみる。

松本は以下のように記述する

「〔断食などにみられる〕宗教以外の領域でも事情は同じである。食事制限の方法は、往々にして思想や哲学といった超越的なものを論じる学問や実践の領域に足を踏み込んでいる」[*17]。「マクロビオティック」（玄米や豆類を中心にしたダイエット）や「ビバリーヒルズ・ダイエット」（パイナップルなど特定の食品しかとらないダイエット。ロサンゼルス近郊の高級住宅地からその名がとられている）などがここでは超越的なものの例としてとりあげられる。そしてその上で、ダイエットを鼓舞するような痩身の身体のSNS上のアップロードが「シンスピレーション」（thinspiration）と呼ばれる事例が紹介される。これは聖カテリーナなどにおける inspiration ＝霊感の現代版であるというのである[*18]。

ここでヴェイユをとりあげてみる。さまざまな社会運動や、教職をなげうち労働者になったのち、拒食を意志として示し、肺結核を発症して三四歳で亡くなったヴェイユの死は、まさに神を待ち望むものとしてそもそも聖的なものとおもわれるが、精神分析的には以下のように記述される。

*17 『天使の食べ物を求めて』四〇〇—四〇一頁。

*18 同書、四〇一—四〇二頁。

「彼女の方法と手段は、（拒食女性のように）動物性の象徴である身体の破壊であり、社会や「巨大な動物」（大衆のこと）、あるいは主体の代理や周囲の者などによって評価されている物質的秩序を、人間の「欲求《ブソワン》」を犠牲にした上で破壊することであった」[19]。

また聖カテリーナが、家族複合の問題系のなかにありながら、まさに「天使の食べ物」を味わいたいという「欲望」（与えられれば満たされる人間的「欲求《ブソワン》」ではない）に触発される「生かした―ままに―保つべき―死」に（つまりは「無」こそを食べながら）向かっていったこともこれにかさなりあう[20]。そこでは神聖なるものとしての神への超越ともいえる事態が描かれるのである。

しかしながら、先にとりあげた「拒食」の宗教的な例、すなわち即身仏や、補陀落渡海の例を並べてみると、その両者には類似する部分はあるが、同時に単純にそうであるとはいえない部分を含んでいるとおもわれもする。まずその両者は、身体＝肉に対する葛藤と、死にまでいたるマゾヒスティックともいえる極端な行為においてかさなりあうのだが、そこでは「何を避けるのか」という点において、実は別のヴェクトルをもっているようにもみえるからである。

ヴェイユの「破壊」は、「動物性の象徴である身体」の破壊と描かれていた。あるいは彼女が逆らいつづけていた体制への、いかんともしがたい違和の表明であるとされていた。そしてその底には「無」、あるいは「不可能性」への「欲望」が横たわっているとされた。ラカン的な解釈ではそうなるだろう。

だが、即身仏や補陀落渡海がもつ聖性が、他者（動物）の肉を避ける、すべての他なるものの「摂取」を避けるものであったことは、そうした動物的他者の「尊重」そのものであったはずである。それに対し、ここでの（精神分析により解釈されるかぎりでの）諸例では、「尊重」されるべきは身体＝肉を避ける「自己」なのではないか。そこでの、拒食症者が抱えこむ「無」という事情

＊19　同書、三一七頁。

＊20　同書、三八三頁。

は、自己のあり方（空虚な欲望を抱えた自己）に還元されてしまい、自己の身体=肉の嫌悪がある意味「聖」なる意味をもちながらも、人間の欲求《ブゾワン》と切り離されたかぎりでの話になってしまうのではないか。ただ、それでよいのだろうか。

さらにいえば、これが精神病一般の理解であればある程度わかるのだが、拒食症が圧倒的に女性性にかかわる症例であるという「女性的な聖性」の議論も、これでは抜け落ちてしまう。だが、すでに示したように、クラインや『天使の食べ物を求めて』の事例には、実のところこの点を考えるための多くのヒントが含まれているとおもわれる。それについて結論部分で、とりあえずのアイディアを提示してみたい。

拒食症への別の視点

私は、精神分析の思考には、しかるべきアイディアが多く存していると考えている。しかし、母子関係を中心に構成されるその議論の方向が、自然や動物性と人間を切り離し対置させる傾向性をもつことには、かなりの不満をもってもいる。つまり、そこで無や不可能性がのべられ、超越への思考が語られるとしても、そのほとんどは人間を基軸とする（人間相互の問題という）思考の圏内に収まるとおもわれるからである。そしてその場合、自己の死と無を渇望することが描けても、どうしてそれが母娘関係において突出するのか、うまく説明できないとおもいもする。母娘関係というのは、人間相互の肉=身体のひき継ぎである。乳房から母乳を摂取するのは、原初的なカニバリズムに近い行為だともいえる。ここでは動物性との関連における人間の特殊性をきわだたせるべきではないのか。それが人間にとっての普遍を形成するならば、そうした方面から何かをのべることはできないであろうか。

再び現代の拒食症にたち戻ってみる。思春期の痩せた身体はみるに痛々しいものがある。もとより消費社会におけるファッション・モデルからは、セックス・アピール的な部分は削除できないが、拒食の身体は極限の芸術品のようであり、むしろ恐ろしさを感じさせる。彼女らがそぎ落としたいと感じている当のものは、自己に付着する肉だ。この肉に対する憎しみとは何かを考えるとき、現代では他者の視線が重視されるとはいえ、古典的ともいえるクライン的な、あるいはラカン的な家族複合という論点は一面では説得的にみえる。現代社会のなかで、家族が機能不全におちいり、その否定が食べないという方向で強く現出することはありうることだからだ。

だが『天使の食べ物を求めて』という書物自身が、消費社会の現代のあり方を、より古層の（消費社会以前の）事例からとらえ直すものであるならば、その底をさらに深く掘りさげてみてもよいのではないか。その方が、より適切な事態の解明につながることはないのだろうか。

ここで考えるべきことは、やはり拒食症が圧倒的に女性にかんするものであること、思春期に発症すること、そして近年の激増のなかで病相が変化していること（過食とワンセットであること。これらは『天使の食べ物を求めて』ではあつかわれない）である。これらを考え直してみる。

『食べることの哲学』において、筆者は食べるものはほとんどが「生きているもの」であること、それゆえ人間が人間を食べるというカニバリズムとは、食べることのタブーにともなう原点であることを論じた。人間が人間を食べることは（ある種の儀礼に伴うものをのぞけば）まずない。これを「食べることの深層」として定位した。

しかし、このケースにおいては、母乳の問題は視野にはいっていなかった。母乳は人間にとって「原初」の食べ物であり、かつ「生きた肉」の類型物である（そこに殺すという要素はない。だがクラインの離乳の指摘が、ある種の象徴的な殺しあいに近いということは、むしろ着目すべきであった）。その意味で、人間の肉を食べるというのは、実は原初において通例のことであったのだ。ただ、これだけでは男性であることと女性であることとの差異はない。

　しかし思春期以降の女性にとっては、乳房の発達という外形的な、まなざしの対象となる体型的変化が生じる。この場合、乳房は性的な対象として把握されている。しかし同時に乳房を「もつ」ということは、自らの母乳の（すなわち肉の）他者（幼児）に向けてのカニバリズム的贈与の可能性が生じてくることでもある。自らカニバルをおこなうという身体性が前面にあらわれてくる。これはいろいろな水準での（ヴェイユであれば兄への、学校への、共産主義を介した社会全体への、そして宗教を介した生きること総体への）内的矛盾と複雑に連関することではないか。そしてこの内的矛盾は、女性性のみ（あるいはホルモン・バランス的に女性的な身体をもつ者のみ）が被る事態なのではないか。

　同時に考えるべきは、出産可能性である。出産とは自分の身体から他者の身体を産みだす行為であり、まさしく身体＝肉の贈与である。当然男性も、原理的にも現実的にも生殖にかかわる。だが子宮における他者の肉の滞在とその排出としての出産は、やはり女性的な器官をもつ者だけに可能なものである。そしてそれは思春期の初潮において、強烈な「可能性」として迫ってくるものである。現実的な出産ではなく、理念的な出産として（それゆえ強い婚姻への拒絶がここに含まれもする）。そして男性には、この契機は希薄である。

　資本主義における消費社会のなかで、女性の身体がより「性」に強くむすびつき消費されているというのは本当のことだろう。それゆえ、女性が体型をより気にせざるをえず、極端な拒食という事態にいたりうることも確かだろう。そしてその根底には、つねに女性がきりむすぶ家族複合がある。フロイト以降、クラインからラカンにいたるまで、こうした家族複合が問題になるのは理解できる。とはいえ、さらにことを根底の部分まで探っていったとき、母乳と生殖という、人間にとってきわめて動物的な部分があらわになってしまうことと、拒食の問題はつながらないのであろうか。拒食の原型が、クラインのいうように、母乳を摂取する／吐くことにあるならば、それは人間のカニバルの矛盾に（この場合、カニバルをおこなう以外生きることはできない）つながるのではないか。いうまでもなく、フロイト／ラカン的な解釈やそこで示される無や不可能性の議論は、ファルスと去勢というあり方を軸とすることにおいて男性的、男権的であることを隠さない。そしてこの場合の無や死は、自己がもつ「欲望」（「無」を食べるという意味でのそれ）にやはり収斂するとおもう。そのとき、クライン的な贖罪感を提示しても、それは「主体」として自己が感じる（人間間の）無である。『食べることの哲学』で問題にした、カニバリズムを基底とし、そこからさまざまなタブーを現出させる、「他の生命」を食べることにまつわる忌避（聖なるもの）にはつながらない。したがって、それだけの装置では、拒食を解明するのは困難なのではないか。

ヴェイユの、自己の身体の動物性を避けるという欲望は、むしろヴェイユ自身が男性的な主体に同化しようとしている行為のようにもみえる。それは彼女の政治的過激さが女性の問題というよりも、それを突き抜けた制度や体制の問題や、さらに聖なるものとしての超越に向かうことからもみてとれる。しかし、逆の奥底の方には、動物性としての自己があり、クライン的な意味でのカニバリズムと、（可能な）妊娠という仕方での肉の産出がある。そこにおける矛盾がある。だが、これこそをむしろ、例えばヴェイユの拒食の場面でひきたてることはできないだろうか。

「手作り」とは何か？——家庭料理のアクターネットワーク論

久保明教

はじめに

食べること。それが私たちの生の根幹をなす要素の一つであることは広く認められるだろう。だが、食について学問的に語ることは簡単ではない。学問は多くの場合、暮らしへの埋没を回避できる人々によって営まれてきた。切迫した必要性が充足され、生活から一定の距離をとることで、研究者は対象を外側から冷静に考察する視座を確保する。だが、食という暮らしの中核をなす要素に対して、通常の学問的距離を保つことは難しい。その結果、食をめぐる考察は、食に関わる多様な局面を衒学的に言祝ぐか、あるいは自らの生活環境に根ざした断定的な価値判断を含むものとなりやすい。

学問的探求に携わる者は、状況を可能な限り客観的に捉えようとする「分析する私」であると同時に、それを支えるさまざまな条件に規定されながら「暮らす私」でもある。食をめぐる考察においては、この二重性が前面化するために、焦点がしばしば両者のどちらかに偏ってしまう。だが、私たちの食をめぐる日常的な経験は、外在的な認識や分析を伴うものであると同時に、各々の生に根ざした内在的な情動や価値を伴うものではないだろうか。

「分析する私」と「暮らす私」の二重性。それが鮮明に現れるのは、社交や飲食業において体系

久保明教氏

化されてきた「〇〇料理」（「フランス料理」や「日本料理」）よりも、家庭において食事が作られ食べられる局面であろう。本稿では、分析と暮らし、外在と内在の二重性を捨象せず食について考えるためにアクターネットワーク論の発想を導入し、家庭料理の価値をめぐってしばしば問題になってきた「手作り」とは何かについて考察する。

アクターネットワーク

「アクターネットワーク論」（Actor-Network Theory、以後ＡＮＴと表記）は、一九八〇年代初頭からミシェル・カロン、ブルーノ・ラトゥール、ジョン・ローらによって提唱されてきた。その理論的特徴についてローは次のように述べている。

アクターネットワーク論はマテリアリティの記号論として捉えることができるだろう。それは、個々の存在が関係性において生みだされるという記号論の発想をとり、さらにそれを言語的なものに限定されないあらゆるマテリアルに厳密に適用するものである。[*1]

ある存在（entity）の形態や性質は、それと他のものとの関係の効果として生み出される。この原則が、人間だけでなく機械や動植物を含むあらゆる存在に適用される。それらの存在は「アクター」と呼ばれ、これらのアクターが取り結ぶ諸関係が「ネットワーク」と呼ばれる。このため、「アクターネットワーク」とは、ネットワークを作りだしていくアクターと、アクターを定義し変容させるネットワークを同時に指す概念である。[*2]

差異を生みだすことによって他の事物の状態に変化を与えることができるものはすべて「アクタ

＊1
J. Law, "After ANT : complexity, naming and topology in Law," J and J. Hassard (eds.), *Actor Network Theory and after*, Blackwell, 1999, p.3.

＊2
M. Callon, "Sociey in the Making: The study of Technology as a Tool for Sociological Analysis," in Wiebe E. Bijker, Thomas P. Hughes and Trevor J. Pinch (eds.), *The Social Construction of Technological Systems: New Directions in the Sociology and History of Technology*, pp.83-103, MIT Press, 1987, p.92-93.

ー」とされる。[*3] 例えば、雨が降っているか、どの程度降っているかによって人間や動植物の行為やその選択枝が変化する限りにおいて、雨はアクターである。

個々の要素に不動の本質は認められず、それらの性質が常に他の要素との関係において生じるものとして把握される。ここまでは「恣意性の原理」を中核とするソシュール派記号学の主張と親和的に思われるだろう。だが、ANTはこの発想を言語に限定されないあらゆる存在に適用することで、既存の記号論的な世界の理解とは多分に異なる議論を構成する。

第一に、言語の特権性が失われる。雨というアクターは、他のアクターに変化を与える差異を生みだすことで「発話＝分節化」（articulate）している。雨による分節化（晴天／雨天／豪雨／小雨など）は、川による分節化（増水／氾濫／枯渇など）や、人々の行動における分節化（警戒／避難／河川工事など）と結びつきながらさまざまな現実を生みだす。こうした非言語的な分節化の連鎖に連なることで、言語的分節化は固有の意味作用をなす。ただし、そのように考えることは、後者が前者に厳密に対応するという発想（言語名称目録観）への回帰を意味しない。言語的分節化は非言語的分節化に連なることでそれを言語的な差異の体系に部分的に回収すると同時に、非言語的分節化の連鎖に独自の屈曲を与えることで、言語なしでは生じえない意味を生みだす。だが、その意味作用は非言語的分節化との接続を介して生じるものであり、言語単体には還元できない。[*4]

第二に、人間の特権性が失われる。人間と人間以外の存在者を等しく行為するもの（アクター）として認めるということは、人間が持つとされてきた意図や主体性を人間以外の存在に付与することではなく、人間以外の存在がもつとされてきた法則性や客体性を人間に付与することでもない。意図や法則性は「人間と非人間」という対比において固定的に配分されるのではなく、アクターが織りなす諸関係の暫定的な効果として捉え直される。個々のアクターのあり方は他のアクターとの

＊3
B. Latour, *Reassembling the social: An introduction to Actor-Network Theory*, Oxford university press, 2005, p.71.

＊4
久保明教『ブルーノ・ラトゥールの取説――アクターネットワーク論から存在様態探求へ』月曜社、二〇一九年、一四一―一四五頁。

関係によって常に変化するのだから、それらは特定の入力に対していかなる出力を返すのかをあらかじめ確定できない媒介項（mediation）として捉えられる。ただし、諸関係が安定すれば、媒介項としての諸アクターは特定の入力に対して特定の出力を返す仲介項（intermediary）へと変換される。したがって、私たちが自らに付与している特権的なあり方、言語や記号を用いて世界を意味づける「人間」なるものは、私たちと人間以外の存在者との媒介項同士としての関わり合いが安定化し、無数の媒介項が少数の仲介項へと変換されている限りにおいて暫定的に成り立つ形象にすぎない。[*5]

第三に、観察者の特権性が失われる。アクターネットワークは、「物流のネットワーク」や「コンピュータ・ネットワーク」といった表現がイメージさせるような、相互に連結した点の集まりによって構成される、観察者から独立した対象ではない。それは、あらゆる要素が他の要素との関係において絶えず変化し続けていると仮定したときに現れる、この世界自体のあり方である。したがって、研究者もまた世界＝アクターネットワークの外側に立つことはできない。研究者にできることとは「アクターを追う」ことであり、それは自らもまたアクターとしてネットワークに連なり、諸関係の組み替えに関わることに他ならない。ただし、組み替えを通じて諸関係が安定することによって世界を外側から捉える外在的な認識が生じることは認められる。だが、それは内在的な諸関係の動態が生みだす一時的な効果にすぎない。[*6] 研究者は世界を外側から客観的に観察し「分析する私」たりうるが、その権能はさまざまな存在者と媒介項同士として関わりあいながら「暮らす私」であることの暫定的な効果として把握されることになる。諸関係が生みだすさまざまな状態が帯びる価値もまた、人間によって一方向的に付与されるのではなく、人間と人間以外の存在者の媒介項同士の関わりあいにおいてさまざまに異なる仕方で産出される。意味がそうであるように、価値も

＊5　同書、六〇―七二頁。

＊6　同書、二二七―二二九頁。

また人間の占有物ではない。[*7] マテリアリティの記号論としてのANTは、諸現象の源泉を客体としての物質が構成する自然と主体としての人間が構成する社会（ないし文化）のどちらかに還元することを放棄し、諸現象の還元先としての「自然」や「文化」というカテゴリー自体を無効化するものである点で、自然／文化の二項対立に基づく恣意性の原理[*8]を中核とした記号論的分析に鋭く対立する視座を提供するものとなっている。

以上で簡単にまとめたANTの発想は、家庭料理のあり方に極めて親和的である。

まず、調理においては非言語的な分節化が重要な位置を占めている。「千切り」と「短冊切り」の差異は単に言葉を知っているだけでは理解できず、さまざまな材料を包丁で切断＝分節化する経験を通じて把握される。もちろん、牛肉と玉ねぎを炒めてデミグラスソースで煮込んだ料理を「ハヤシライス」と呼ぶか、「ハッシュドビーフ」と呼ぶか、「ビーフストロガノフ」と呼ぶかによって味の印象が多少変わるように、言語的分節化の影響はある。だが、その影響は、トマトケチャップやサワークリームを加えることで生まれる差異に比べて圧倒的に強力だとは言えないだろう。「美味しい！」という言葉を発することは確かに食事をめぐる経験を分節化する。だが、それが固有の意味を持ちうるのは、調理と食事における非言語的な分節化の連鎖にこの言葉が連なる限りにおいてである。

食はまた、人間と人間以外の存在が関わりあう基礎的な局面の一つである。スーパーで購入した食材をキッチンに広げ、鍋やフライパンを準備する。その時、多種多様な動植物の加工された屍体、化学的に製造された調味料、さまざまな特殊加工がなされた金属たちと私たちとの相互作用がはじまる。食材管理が徹底される飲食店においては、膨大な人間以外の存在が客に食事を提供するという行為を円滑に促進する仲介項へと変換される必要がある。家庭においてもその必要性は無視

＊7
同書、二〇五―二一七頁。

＊8
菅野盾樹『恣意性の神話――記号論を新たに構想する』勁草書房、一九九九年、一〇―一一頁。

できないが、料理だけに専念できない流動的な状況において、しばしば仲介項が再び媒介項へと変化する。美味しい回鍋肉《ホイコーロー》を作るために買ったはずなのに放置してしまったキャベツが、いずれ異臭を放ちはじめるように。

家庭料理といえども、それを外側から冷静に分析しようとすることはできる。だが、実際に日々の料理を作るとき、私たちは限られた時間と予算、疲れた身体を引きずりながら食と向きあっている。だから、諸関係に外在する分析的な視点が、諸関係に内在する実践において常に適切とは限らない。専門的な料理本に従って高級な食材を揃え調理器具を使い倒して休日に作られる「男の料理」が、日常的な調理者から時に揶揄されるように。家庭料理は、人間と人間以外の存在との媒介項同士としての関わりあいを通じてさまざまな価値が生みだされていく、外食産業に劣らずダイナミックな場である。

では、こうした場において、分析と暮らし、外在と内在の二重性はいかに捉えられるだろうか。以下では、家庭料理において常に問題とされてきた「手作り」という論点をめぐってより具体的に考察を進めていきたい。

おふくろの味と食の簡易化

家庭料理は作り手の愛情がこもった手作りのものであるべきで、出来合いの惣菜やコンビニの商品に頼った手抜きはできるだけ避けたほうがいい。こうした語り口は、賛否は別にして、多くの人がどこかで触れたことのあるものだろう。

「作り手」が家事を一手に引き受ける主婦＝母親としてイメージされるとき、家庭の料理は「おふくろの味」とも呼ばれる。この言葉を広めた料理研究家・土井勝（一九二一―一九九五）は、一九六〇年代末から一九八〇年代初頭にかけて「おふくろの味」を題名に含む複数の料理本を出版しており、そのうちの一冊（『おふくろの味』第三刷、一九七七年）には、映画監督・松山善三と女優・高峰秀子夫妻との以下のような対話が掲載されている。

松山　それにつけても、お叱りをうけるむきがあるかもしれませんが、電子レンジという一見便利そうな器具が生まれましたね。
高峰　あれは調理するものじゃないんでしょ。ぬくめるだけのものじゃないんですか？
土井　そうです。いろいろな調理をするものではなくて、再加熱と解凍に適した器具です。
松山　そういうふうに的確に言ってほしいですね。あれを調理のプロセスに必要な器具のように思われると大きな間違いがおきる。だいたい食べものに形而上も形而下もないですが、おふくろの味には形而上のなにかがあるような気がするでしょ。おふくろの味にはこころがありますよね。ところが電子レンジにはこころも愛情もありません。
高峰　「熱くなればいいんでしょ！」という思想ね〈笑〉。
〔…〕
松山　これからのおふくろの味はどんなものになるでしょうか？
土井　私はね。カレーライスでもいい。ただしそれはインスタントではない。おとなりのカレーとも違う。我が家のカレーでなければならない。ラーメンでもいい。ただし、それは母親の手が一手加わったものでなければいけないと思います。
松山　そうだと思います。何か手を加えて自分なりの味を創りあげてゆくことですね。おふくろというのは、何かしなければいけないんじゃないですか。出来合いのものじゃなくて、ひと手間プラスしてあるもの……。

土井　おふくろの料理のレパートリーが豊かに育った子は幸福だと思います。[*9]

この対話において、「おふくろ」なるものは、夫（松山）の記憶のなかにある母であると同時に、自らの子供にとっての母（＝妻＝高峰）でもあるものとして語られている。理想化された母の味を妻が継承することで、子供は幸福に育っていく。土井によれば、それはカレーやラーメンでもいいが、母親の手が「一手加わったもの」でなければならない。

土井や松山の家庭料理に対する認識は、明らかに「手作り」を称揚するものである。だが、彼らの発言が何を何と結びつけているのかという関係論的な視点から捉えると、「手作り」なるものが、常に電子レンジやインスタント食品による食の簡易化との関係において現れていることが見えてくる。

土井勝は一四歳で堂ビル割烹学院に入学し、海軍経理学校を経て一九五〇年代前半に「関西割烹学院」（後の土井勝料理学校）を設立したのち、一九五七年に始まったNHKの番組「きょうの料理」などへの出演を通じて日本を代表する料理研究家となっていく。土井が活躍した一九五〇～一九七〇年代は、インスタントラーメン（一九五八年「チキンラーメン」発売）、カレールゥ（一九六〇年「印度カレー」発売）、即席味噌汁（一九六一年山印醸造製造開始）、ダシの素（一九六二年「ハイミー」、一九七〇年「ほんだし」発売）、チルドハンバーグ（一九七〇年発売）といった家庭用加工食品のブームが次々と起こり、広範に食の簡易化と標準化が進められた時期でもある。加工食品だけではない。スーパーマーケットと食品物流網の全国的展開、冷蔵庫やガスコンロや換気扇の普及にともなって、家庭における調理の過程は大幅に簡易化され標準化されてきた。

＊9
土井勝『おふくろの味』講談社、一九七七年、五四—五五頁。

料理研究家がテレビや新聞で発表する多種多様なレシピが家庭料理の作り手に受容されたのもまた、調理の標準化と簡易化によるところが大きい。例えば、「焼く」という工程一つとっても、炭火を用いるかガス火を用いるかで必要な作業や時間は著しく異なる。「信州味噌」をもちいた汁物のレシピは、それが全国のスーパーで入手できなければ限定的な有効性しか持ちえない。調理器具や食材の標準化の進展に伴って、料理研究家のレシピ本も、地域や世帯毎の差異に配慮して具体的な調理過程は作り手に任せる料理指南書的なものから、スーパーで入手できる食材やガスコンロを前提にして調理過程や食材や分量を厳密に指定する工程書的なものへと変化している。

前述した鼎談で示されているような家庭料理における「手作り」の重視と、同時代に進行した食の大幅な簡易化は、一見すると矛盾しているように思われる。だが、前者は後者によって可能になっている。その気になればスーパーで購入した食品（例えばインスタントカレー）で一食をまかなうことができるようになったからこそ、そこに一手加えて「我が家の味」とすることを「手作り」としてマークすることが可能になったのである。

そもそも、料理において一〇〇パーセントの手作りなどありえない。「手作り」が自分の手で一から料理を作り上げることを意味するのであれば、素材を手ずから調理したとしても、素材となる動植物を育てること、そのために土壌を耕すこと、種や肥料、水や酸素を用意すること、それらを生み出す地球という惑星を作りだすことさえ必要になってしまう。あるいは逆に、少しでも人間の手が関与した料理を「手作り」とするならば、弁当工場で働く人々がベルトコンベアを流れる容器に手作業で惣菜を盛り付けたコンビニ弁当も「手作り」だということになるだろう。

家庭料理において何が「手作り」とされるかは常に流動的である。だが、それが明確に定義できないからといって、「手作りの家庭料理」は単なる幻想やイデオロギーではない。料理の簡易化と標準化は、家庭における食に関わる多くの要素をお金で買える商品へと変換してきた。例えば、心をこめて作った「南瓜の煮物」を食卓に供したとして、それは農家が長年の品種改良の末に生みだした南瓜やメーカーが試行錯誤を経て商品化した調味料を、料理研究家が練りあげたレシピをもとに再加工したものでしかないとも言える。

だが、食材や調味料やレシピという商品に「一手加える」ことで、それは家族への贈り物へと変換される。即時性、対称性、計量可能性、非文脈依存性によって特徴づけられる商品売買の論理に、時間的な遅延（贈り物にすぐ返礼してはならない）、非対称性（贈り手は受け手に対して優位に立つ）、計量不可能性（贈り物からは値札を外す）、文脈依存性（見知らぬ相手に贈り物はできない）によって特徴づけられる贈与の論理が接続される。お金を払えば誰でも同じような料理を作れるようになったからこそ、そこに一手加えることで「我が家の味」を生みだすことが可能になった。調理を通じて、特定の入力（支払い）に特定の出力（購入）を返す仲介項としての商品が、いかなる入力（調理）に対していかなる出力（家族の反応）が返ってくるかわからない媒介項としての贈り物に変換されるのである。

それを供する度に値付けをして金銭を要求すれば、「家庭料理」なるものは容易に消え去る。だが、家庭における諸関係が全て商品売買に変換されてしまえば、私たちが「家庭」と呼ぶものは維持しえないだろう。掃除や洗濯といった他の家事労働に比べて、料理は評価基準が均質化されにくい。だからこそ、家族の好みに応じてさまざまな料理を供することが、商品の絶えざる浸透に対抗して贈与的関係を賦活し、家庭生活を活性化させる拠点となりえたのである。

内在的外在

以上で検討してきたように、「家庭料理は手作りであるべきだ」という認識は、一方で食をめぐる簡易化と標準化を促進しながら家庭における贈与の賦活を進めるアクターネットワークの運動に私たちが内在する限りにおいて妥当性を持ちえてきた。心のこもった「形而上」のものとされる「おふくろの味」は、だが、「形而下」におけるインスタント食品や物流やレシピの普及なしにはその輪郭を結びえない。食の簡易化と標準化が進行したということは、食材や調理器具やレシピといった人間以外の存在との諸関係が大幅に組み替えられてきたということであり、それらの存在との媒介項同士としての関わりを通じて「手作り」を肯定する人間としての私たちのあり方が生じてきたのである。

世界を外側から捉える外在的な認識は世界に内在する諸関係の一時的な効果として産出される。したがって、私たちが内在する諸関係が変化すれば、明確に定義できない「手作り」の具体的なあり方やその価値もさまざまに変化することになる。

『おふくろの味』における鼎談から現在に至るまでの約四十年のあいだ、さまざまな家庭料理のあり方が生まれてきた。一九八〇年代から活躍しはじめる料理研究家・小林カツ代は、働く既婚女性を読者の範例としながら、土井勝や江上トミや飯田深雪といった先輩研究家たちが確立した真正な家庭料理のあり方を解体・再構築し、鋭敏な観察力と豊かな発想に基づくアイディア時短料理によって、「手作り」と「手抜き」の二項対立の近傍に手軽で美味しい家庭料理という新たな領域を切り開いた。一九九〇年代に主婦のカリスマとして著名になった栗原はるみは、新奇な食材やレンジ調理を取り入れ、献立における既存のカテゴリー（主菜、副菜、ご飯、汁物）を解体・再構築しながら、飲食店の料理に負けないインパクトをもった家庭料理を提案していく。二〇一〇年前後に品切れ続出となった「食べるラー油」ブームの火付け役となった投稿型生活雑誌『Mart』の読者は、会員制スーパー「コストコ」や輸入食材店「カルディ・コーヒーファーム」に赴いて膨大な輸入商品を探索し「ママ友グループ」における情報交換を通じて商品を「二次創作」する営為としての家庭料理を追求する。レシピ投稿サービス「クックパッド」においては、膨大な投稿レシピとランキングシステムを通じて「我が家の味」がデータベース化され、その時々の欲求や状況に最適な選択肢を模索しながら個々の料理の形態や価値を集合的に構築する営為として家庭料理が再構成されてきた。[*10]

いずれの家庭料理のあり方にも、互いに部分的な連続性と対立点が見いだされる。松山や土井による「おふくろの味」の称揚は、手を加えれば加えるほど家庭料理はより良いものになることを含意する。「手作り」が明確に定義できない以上、いかなる料理もより手の込んだ料理と比べれば「手抜き」と言われかねない。これに対して、小林カツ代のアイディア料理は、手軽さと美味しさが両立しうることを諸々のレシピで具体的に示すことによって、「手作り」を要求する規範的圧力のインフレを解除する。松山が「調理のプロセスに必要な器具のように思われると大きな間違いがおきる」と断じた電子レンジは、栗原はるみのレシピ本や『Mart』誌面においては、「お店みたいな味」を家庭で手軽に実現するために有効な調理器具として活用されている。「巻かないロールキャベツ」や「炒めない炒飯」など調理過程を大胆に省いた小林カツ代の時短アイディアは、「おにぎらず」などクックパッドの人気レシピ群によって継承された一方で、データベース化を通じた集合的な価値基準の構築においては、商品に一手間加えることが「我が家の味」を生みだすという図式はもはや維持しえない。

家庭における料理をめぐる諸関係を追跡することで異なる家庭料理のあり方が浮上し、それらは

＊10
久保明教『「家庭料理」という戦場――暮らしはデザインできるか？』コトニ社（近刊）。

互いに齟齬を含みながら共立する。「家庭料理＝おふくろの味」という外在的な認識において「温めるだけ」しかできない仲介項とされた電子レンジは、内在的な諸関係においては媒介項として働き、「家庭料理＝お店みたいな味」という認識を支える仲介項へと再び変化する。こうしたさまざまな家庭料理のあり方のどれに親近感や嫌悪感を覚えるか、それは私たちが家庭の食をめぐっていかなる関係性に内在しているかによって異なるだろう。食をめぐる私たちの言語的分節化は、日々食してきた膨大な食事を構成する非言語的な分節化の連鎖に連なっている。外在は内在に内属し、内在は外在を産出し、両者の絶えざる反転を諸存在の関係性が駆動する。

諸関係を追跡することは世界を外側から観察できるようになることを意味しない。外在的に「分析する私」は内在的に「暮らす私」によって暗黙裏に規定されている。そう考えれば、研究者にできるのは、世界を外側から眺めてそこに正確に対応する言明を与えることではなく、世界と言明の対応が社会的に構築されていることを暴きだすことで分析の外在性を再生することでもない。むしろ、諸関係を追跡することは、私たちが内在するネットワークが組み替えられていく動的なプロセスにおいて共立する外在的な認識やそれに伴う価値判断を位置づけなおしていくこと、暮らしの動態に基づいて認識や分析や価値づけの視点自体を結びつけ組みなおしていく運動としての知のあり方を可能にするのである。

第1セッション「食の原点と現在」を終えて

河田　学

日本記号学会第三八回大会第1セッション「食の原点と現在」は、ゲストに久保明教氏（社会人類学／一橋大学）をお迎えし、学会員からは檜垣立哉氏が登壇し、二〇一八年五月一九日に行われた。本書第I部はこのセッションをもとに構成されている。しかし両氏の発表がそのまま再録されているというわけでもないので、ここではお二人の発表、また当日のディスカッションをふりかえりながら、そのあたりの事情をご説明したいと思う。

檜垣氏の当日の報告「食べることと食べないこと」は、氏の当時まだ出版されたばかりであった著書『食べることの哲学』を下敷きとしつつ、レヴィ＝ストロースの「料理の三角形」を端緒とし、「食べること」の現在、そして未来を哲学的に考えるものであった。これにたいして本書に掲載されている同氏の論考「食べないことの哲学　ラフスケッチ――『食べることの哲学』の余白に」は、そのタイトルからもわかるように、檜垣氏の報告の再録というよりはむしろ、それと対をなすものとして読まれるべきものである。したがってここでは、檜垣氏の当日の論点を少し補足しておきたいと思う。

檜垣氏にとってレヴィ＝ストロースの「料理の三角形」（図1）が重要なのは、ひとつ

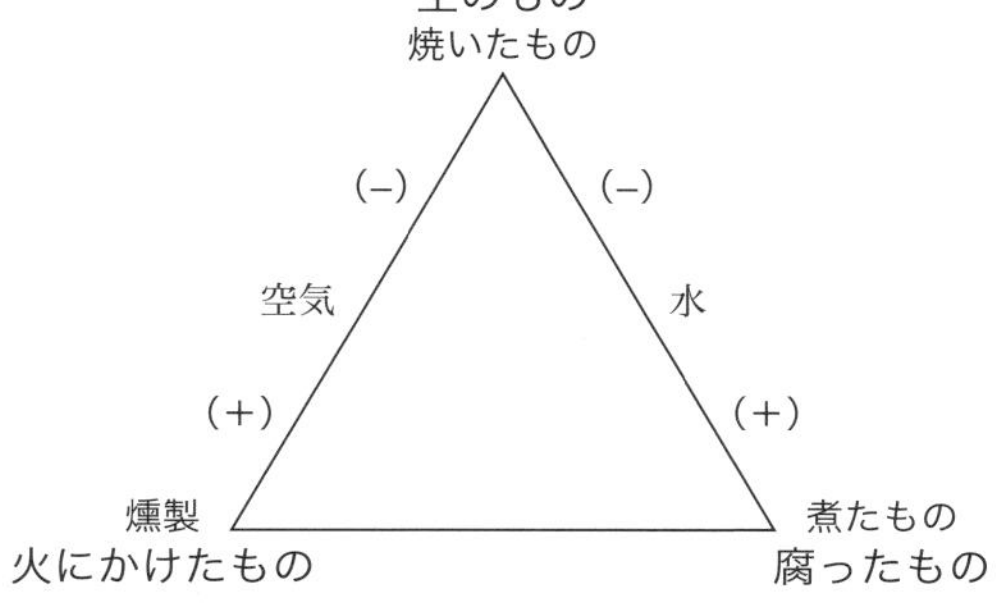

図1　料理の三角形（クロード・レヴィ＝ストロース『神話論理Ⅲ　食卓作法の起源』渡辺ほか訳、みすず書房、2007年、566頁）

には料理の三角形が、それが提示されたレヴィ＝ストロースの『神話論理』全体の構成原理ともいえる自然／文化という対立を象徴するものだからである。檜垣氏の言葉を借りれば、食べるという行為は、まず第一義的に「自然である身体と、文化である身体との、その双方を跨ぎ越す」行為として捉えられなければならないのである。一方で自然としての人間の身体は、「肉」ともなりうる身体、つまり食べられうる身体でもある。このことはカニバリズムの問題へとつながっていくのだが、これは本発表と、本書掲載の氏の論考とをつなぐひとつの導線となるだろう。

檜垣氏は「味」（「うま味」といいかえてもいいかもしれない）にも言及するが、この「味」の有無は料理の三角形における腐敗の軸とも関係している。なぜならば腐敗こそが、料理に「味」をあたえるものだからである。檜垣氏が「味」をもたない料理として想定しているのは、イギリスのフィッシュ・アンド・チップスであり、アメリカのステーキなのだが、これらの料理の「味」のなさは、たんなる腐敗の軸の欠如だけではなく、腐敗（レヴィ＝ストロース的にはこれは煮込みとも同一視することができる）という軸が本来要請するはずの時間を切り詰めることをも意味しているという点で、アメリカから全世界へと拡がっていったファストフード文化、コンビニ文化とも重なりあうのである。

一方の久保明教氏の報告「「手作り」という幻想——家庭料理史からみる食と現代」は、外部から客観的に観察、分析することの難しい食、ないしは料理という行為を論じるにあたって、ラトゥールらのアクターネットワーク理論を援用し、「手づくり」という概念を中心に、戦後日本における家庭料理文化の変遷をたどったものであった。その理論的な前提と主要な論点は、本書所収の久保論文によっておおむねカヴァーされてはいるが、当日の報告でのみ言及されているポイントをいくつか補足しておきたい。

生活史研究家である阿古真理が、自身の家族の台所の歴史をたどった『うちのご飯の60年――祖母・母・娘の食卓』（二〇〇九年）は、久保氏の当日の報告の参照項のひとつであった。ここでは、戦後間もない広島県の山村で自給自足に近い暮らしを送っていた著者の祖母、明子（明治三六年生まれ）の暮らしぶりが記述されている。そこでは農作業から調理、食事に至る食にまつわる行為は「食べごと」と呼ばれ、その一角を共同体の行事食が占めていた。そこで育った著者の母、秀子（昭和一四年生まれ）が団地の食卓で作りだそうとした家庭の味は、「食べごと」を通じて継承されてきた「村の味」を理念的に継承しつつも、団地のキッチンや新しい食材の登場、新しい食文化の移入などによってはじめて可能となったものであり、その意味で、伝統的な食文化の「捻れた継承」だったのではないかと久保氏は指摘する。これは本書の久保論文で引用されている土井勝の発言にも重なりあうものである。

その後、いっぽうでは食の工業化や物流、家電の発達を、他方では女性の社会進出を背景に、料理の「時短」をうたい、八〇年代には小林カツ代が、九〇年代には栗原はるみが登場し、さらに〇〇年代以降は、雑誌（『Mart』）でもインターネット上（『クックパッド』）でも利用者が参加可能な双方向的な料理メディアが台頭するのは、久保論文に記されているとおりである（もっとも久保氏自身からは、こういった「変遷」を図式的に単純化することに対する懐疑も示されてはいた）。ここで注意しておきたいのは、久保氏も指摘しているとおり、これらの間には連続性と断絶との両方が見いだされるということである。たとえば当日の報告のなかでは、働く女性のために家庭料理の調理における時短を提唱した小林カツ代と、同じく時短をうたい文句にしながらも「家ごはん」を料理店のクウォリティに引きあげようとした栗原はるみとの差異に言及があった。二人の差異はも

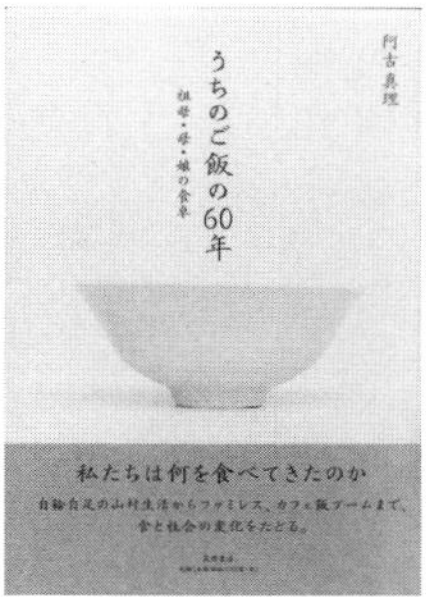

阿古真理『うちのご飯の60年――祖母・母・娘の食卓』（筑摩書房、二〇〇九年）

しかしたら、社会状況の推移（たとえば外食の普及）によって説明可能かもしれないが、両者の対立構図が、家庭料理のデータベースとしての『クックパッド』対 生活感を排除したい『Mart』、という対立に引きつがれていることを観ると、むしろこういった食をめぐる価値観の対立こそが、本書（とくに久保論文）で素描されている食文化の歴史的変遷の原動力となっているのではないだろうか。

第Ｉ部の理解の一助として、最後に当日のディスカッションからもいくつかのトピックを紹介しておこう。

ひとつは、食と時間という問題系である。久保氏の言及した小林カツ代、栗原はるみのテーマが「時短」であったばかりではなく、檜垣氏の報告で「味」を生みだす要素として言及された発酵は、本質的に時間のかかる生命過程である。またレヴィ＝ストロースにおいては、これが煮込むという調理法と同一視されていることもすでに述べたとおりである。檜垣氏においては、食にかける時間の節約は、倫理的、政治的な問題でもあった。

またディスカッションでは、完全食「ＣＯＭＰ」（図２）も話題にのぼった。これは、一回量で一日に必要な栄養素の三分の一を摂取することができるという点ばかりでなく、調理のみならず食事の時間を節約できるという点からも選ばれているという意味で、究極の時短であると同時に、檜垣氏の文脈でいえば「殺す」ことをかならずしも前提とはしない持続可能な食のあり方でもあ

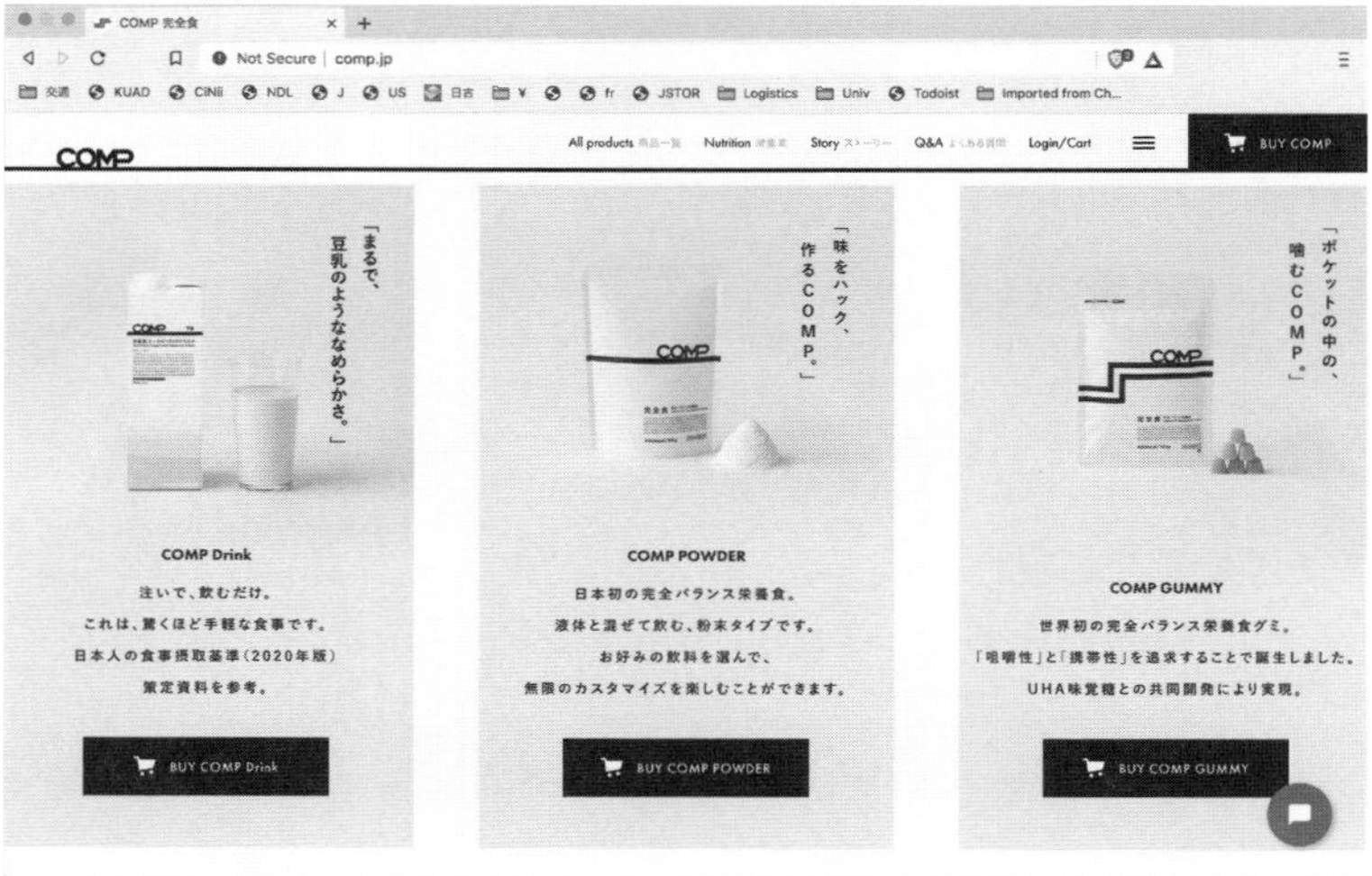

図２ 「ＣＯＭＰ」公式サイトより。左から液体、粉末、グミの三タイプ。

る。当日のパネルでは、食の未来についてはじゅうぶんな時間を割くことはできなかったが、第Ⅰ部に収められた論考が食の未来を考えるうえで、ひとつの補助線となることを期待している。

第Ⅱ部

マンガが描く食

マンガが描く食――『目玉焼きの黄身 いつつぶす?』と行為としての〈食べること〉

吉村和真・おおひなたごう・佐藤守弘（問題提起＋司会）

佐藤　定時になりましたので、今回の特集、「食《メシ》の記号論」の第2セッションを始めたいと思います。

　司会を務めます京都精華大学（大会当時）の佐藤と申します。私は学会員ですが、学会外からお二人をお招きしております。京都精華大学の吉村和真さん、思想史とマンガ研究です。

吉村　よろしくお願いします。

佐藤　そして、マンガ家で京都精華大学の教員でもあるおおひなたごうさん。

おおひなた　よろしくお願いします。

問題提起　食マンガと食べ方《マナー》／作法の問題

佐藤　まずは問題提起からはじめたいと思います。もちろん今日のお話の中心は、おおひなたさんの現在も連載が続いている『目玉焼きの黄身 いつつぶす?』[*1]です。この作品は、アニメ化もされ、実写ドラマ化もされているという非常に話題の作品です。これが食マンガ、あるいは「飯マンガ」、というところで重要なのではないかということをお話ししたいと思います。

佐藤守弘氏

＊1　おおひなたごうによる漫画。エンターブレイン刊『コミックビーム』にて、二〇一二年十月号から二〇一九年五月号まで連載された。また、二〇一四年八月に全四話でテレビアニメが連続放送された。二〇一七年十一月に実写テレビドラマ化された。（wikipedia）

「マンガ飯[*2]」というような言い方もあるとは思うんですけれども、さまざまなマンガは当然食を描いてきました。おそらく戦前のマンガでも食、食べ物、料理というものを描いてきたんだと思います。「ラーメンの小池さん[*3]」を今回ネットで調べたんですけれども、『オバケのQ太郎』だけでなく、『ドラえもん』にも出ていたことが分かりました。そして、いわゆるギャートルズ肉ですね[*4]。ギャートルズ肉の一番初めは鶏肉のチューリップみたいな感じだったりします。みんなでガーッと食べていくマンモスの肉の輪切りも有名ですね。もう一つ、個人的に思い出すのは『ドカベン[*5]』、柔道マンガだった頃の『ドカベン』で、強烈に大きい弁当を持ってくる山田太郎が記憶に残っています。ただ、これ自身は食・料理というところが中心的なトピックではなかった。

杉村啓さんの『グルメ漫画50年史[*6]』によると、一九七〇年に望月三起也の『突撃ラーメン[*7]』、萩尾望都の『ケーキケーキケーキ[*8]』、両方とも非常に有名なマンガ家が手掛けていますが、これが始まりとされています。けれども、一般的には、たぶん七三年から始まった、僕もよく覚えている『包丁人味平[*9]』、一種のスポ根マンガの変奏曲として、対決の場面が出てきています。こうした料理対決はそののちの『美味しんぼ[*10]』などにもつながっていくと思います。

ただ、これが本格的に受容されるのはグルメマンガの時代になってから、と言ってもいいでしょう。グルメマンガというジャンルが成立していくきっかけになるのが、八〇年代の半ばに始まった『美味しんぼ』と『クッキングパパ[*11]』。『美味しんぼ』も一応まだ続いているんですね。

吉村　今、休載中。

佐藤　休載中というかたちですね。というわけで、今でも続いている。

今回、こうやって並べてみて、初めて、そうだ、主人公が両方ともサラリーマンだったんだということに気づきましたが、この二つ、つまり『美味しんぼ』と『クッキングパパ』が出てくるわけ

＊2
マンガに出てきた料理を再現したもの。

＊3
小池さんは、藤子不二雄の漫画に登場する架空の人物。(wikipedia)

＊4
園山俊二による漫画作品。

＊5
水島新司の野球漫画、およびそれを原作としたアニメ・映画・ゲーム作品。『週刊少年チャンピオン』(秋田書店)にて、一九七二年から一九八一年まで連載された。(wikipedia)

＊6
杉村啓『グルメ漫画50年史』星海社、二〇一七年。

＊7
同書、二七頁。『週刊少年ジャンプ』(集英社)にて、一九七〇年に連載された。

です。この二つのマンガは、ある意味で非常に対照的だと思います。典型的なグルメマンガがおそらくうんちくを傾けるタイプの『美味しんぼ』であるとすると、こちらはむしろ作り方を提示するということですね。この二つが、ある意味で二つの大きな潮流を形成していると考えています。

『クッキングパパ』は作り手の側ですね。制作者、作者と言ってもいいかもしれない。作者に重きが置かれています。『味平』もそうですね。それに対して、ある意味で料理そのものが中心となっているのが『美味しんぼ』であり、そのほか、大体、料理の写真自体がコミックの表紙になっているのが特徴的だと思います。もちろん、この分け方も非常に恣意的ですし、この分け方に当てはまらないものもたくさんあるんですが、取りあえずはこうした大雑把な分け方で捉えていきたいと思います。

でも、芸術であれ、なんであれ、文化制作物には、作り手がいて、作品があって、それの受容というレベルがある。そして、おそらく今回の『目玉焼きの黄身 いつつぶす?』というものは受容に焦点を合わせたものと考えてみたい。あるいはその先行作として、みんなほぼ同じ作者ですが、『ダンドリくん』を中心とした泉昌之[*12]の作品をあげたいと思います。

ここで中心となるのは、食べるという行為だと思います。「スピーチ・アクト」をもじって、「イーティング・アクト」と言ってもいいでしょうか。食の行為論ですね。有能なシェフが作っているわけでもない。作り手のドラマも描かれない。そして、特別なものではない。例えばマスプロダクションに近いような弁当などが出てきて、食べ手がそれに能動的に介入していくのがポイントなんではないかと思います。

『かっこいいスキヤキ』に入っている「夜行」では、トレンチコートの男が幕の内をどういう順番で食べたら一番効率的で、おいしく、あるいは美しく食べられるかというものを探って、そして

＊8
同書、三〇頁。『なかよし』(講談社)に一九七〇年に掲載。

＊9
同書、三〇頁。原作:牛次郎、作画:ビッグ錠。『週刊少年ジャンプ』(集英社)にて、一九七三年から一九七七年にかけて連載された。

＊10
同書、五一頁。原作:雁屋哲、作画:花咲アキラ。『ビッグコミックスピリッツ』(小学館)にて、一九八七年から連載された。二〇一四年から休載状態に。

＊11
同書、五八頁。うえやまとち作。『モーニング』(講談社)にて、一九八五年から連載され続けている。

＊12
泉昌之は、原作を久住昌之、作画を泉晴紀が担当するユニットのこと。

失敗するんですね。それはそのまま『ダンドリくん』に受け継がれます。ちくわは、いったんこっちに載せて、そのあとに穴を作って戻す、どうのこうのみたいなやつですね。広い言い方で言ったら、これが今も非常に人気のある、ドラマ化されて人気のある『孤独のグルメ』[*13]につながる。原作者が同じ久住昌之ですね。泉昌之名義で食べるという行為だけで話を続けた『食の軍師』[*14]も現在連載されています。

　こういうのもあったなと、ふと思い出しましたが、食べる順番で考えたら、僕が小学校の頃に非常に好きだったんですけれども、「欽どこ」と言われた『欽ちゃんのどこまでやるの！』[*15]で芸能人が出てきて食事をする。その食べる順番を当てるというような「推理ドラマ」と名付けられたクイズもちょっと思い出しました。

　おおひなたさんの『目玉焼きの黄身 いつつぶす?』の第二話、とんかつのキャベツ編なんですけれども、これも食べ方に焦点を当てたもの。「食べ方やマナー」と言っていますけれども、食べ方というのは広い意味でのマナーだと思います。マナーというのは当然「方法」という意味です。マナーという言葉を広く取れば、箸の上げ下ろしなどだけに限定されない、もう少し広い食べ方の問題です。『目玉焼きの黄身 いつつぶす?』では、それぞれの人間の食べ方の差異というものが物語を進める原動力になっていく。後ほど、おおひなたさんのお話のときに、実際のマンガがどういうふうに進んでいくのかということをお話ししていただきます。

　ここでマナーについて、どういうことがいわれてきたのかということを一応まとめてみたいと思います。クロード・レヴィ＝ストロースが言っているのは「料理の三角形」だけではありません。示唆するという感じですけれども、『神話論理』第三巻の『食卓作法の起源』[*16]で消化と調理法、この二つについて述べています。

＊13
原作：久住昌之、作画：谷口ジロー。『月刊PANJA』（扶桑社）にて、一九九四年から一九九六年まで連載。その後『SPA!』（扶桑社）にて、二〇〇八年から二〇一五年まで断続的に掲載された。二〇一二年からテレビ東京にてテレビドラマ化。

＊14
泉昌之による漫画。『週刊漫画ゴラク』にて二〇一一年より連載中。二〇一五年四月にTOKYO MXにてテレビドラマ化された。主人公である「本郷」は、人一倍食事にこだわる中年男。自らの内なる「軍師」の助言に従って、種々の飲食店を食べ歩いては、完璧なる食の組み立てを追い求めている。（wikipedia）

＊15
一九七六年十月六日から一九八六年九月二四日までNETテレビ⇒テレビ朝日系列局で放送された萩本欽一主演のバラエティ番組である。最高視聴率は四二％を記録した。通称「欽どこ」。放送時間は毎週水曜二十一時～二十一時五四

〔本書で扱ったのは〕料理の自然の側に位置する消化と、文化の側に位置する調理法から食卓作法までの広がりとである。じっさいのところ、これらはふたつの秩序に属している。というのも調理が自然の素材を文化的に加工する方法を規定するのに対して、消化はすでに文化によって処理された素材を自然に加工することであるとすれば、対称的な位置にあることになるのだから。食卓作法について言えば、それは調理の仕方に上乗せされた摂取の作法であり、ある意味では二乗された文化的加工とも見なすことができる。

調理法というのは自然を文化に変換する。さらに消化というのは文化を自然に変換する。こういう対立があったわけで、その上に二乗された文化的加工として食卓作法があるんだという。これが三角形を作るのかどうか、僕は読み取り切れていません。もしかしたら料理の三角形のさらにもう一つの三角形ができるのかもしれないとは思いつつ、ここでは横に並べて考えています。とにかく、共時的な料理の三角形に比べて、通時的な側面というものを扱うんだと。

では、マナーというものはいつ生じたのか、ということになると、食の話では必ず登場する石毛直道さん[*17]が言うには、元は共食、一緒に食べるということなんだということです。

人類の食事の特徴は、食物を分かちあって、共食することにある。人類が、家族という集団を形成したことに共食の起源はもとめられる。動物は個体単位に食事をするのがふつうだが、人類は家族という基本的共食集団のなかでの食物の分配関係をもっている。

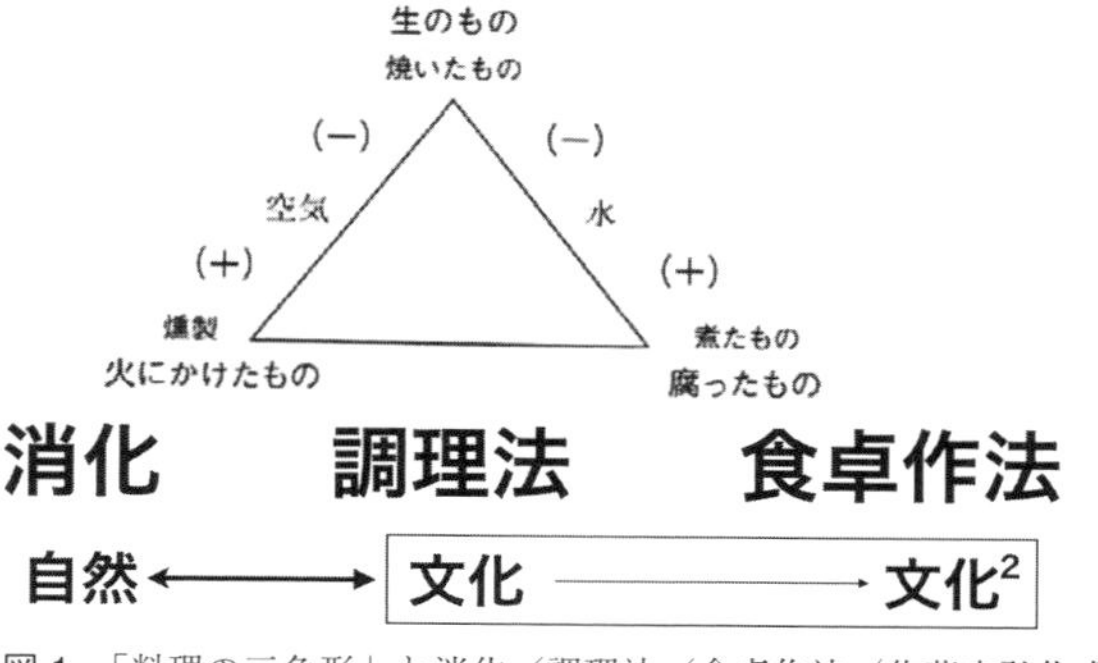

図１　「料理の三角形」と消化／調理法／食卓作法（佐藤守弘作成）

分。（wikipedia）

＊16　クロード・レヴィ＝ストロース『食卓作法の起源』（『神話論理Ⅲ』）渡辺公三・榎本譲・福田素子・小林真紀子訳、みすず書房、二〇〇七年、五四二頁。

べつの言い方をすれば、食物の分配関係をめぐって、家族という社会集団が成立したのである。〔中略〕集まって食べるからには、集まった者同士の相互干渉が生じる。相互干渉による軋轢を最小限にとどめるための調整、すなわち、食事の秩序を維持するしかけが必要である。毎度の食事ごとに調整作業をするのではなく、慣習化されたルール、あるいはルールの儀礼化がおこり、それが食事作法とよばれるものに発展したのである。[*18]

動物は一緒に食べない。一緒に食べるということ、食物の分配をもって家族の起源もあるし、社会の起源もあるし、そこに秩序を維持する仕掛けというものもあって、それが食事作法です。『目玉焼きの黄身 いつつぶす?』の第一話は、主人公が「みふゆと初めて迎えた朝」に一緒に目玉焼きを食べるところからはじまるのですが、まさに共食の始まりのときに事件が起こるということですね。

マナーの面では、歴史学者、茶道史研究者の熊倉功夫さん、[*19]この方も食についてはいろいろ書いています。

〔マナーとは〕社会的な行動のルールともいえる。／だから完全に個人の人間の内部にある価値観、倫理観、美意識といったものはマナーの領域に入らない。これは外部から立入ることのできない個人の心の問題である。いかなる嗜好をもとうと、美意識、思想信条をもとうと、それはいけないと他者が規制することはできない。／しかし、そうした個人の心の問題でも、それが社会的なかかわりを持つときはマナーの問題になる。他の価値観をもつ人との間で折合いをつけなければいけない。ここにマナーが生じる。[*20]

＊17
文化人類学者・民族学者。国立民族学博物館名誉教授・元館長、総合研究大学院大学名誉教授。(wikipedia)

＊18
石毛直道「食事作法と食事様式」、石毛監修、井上忠司責任編集『食の情報化』(「講座 食の文化」五)味の素食の文化センター、二〇〇〇年、三九九頁。

＊19
歴史学者(日本文化史・茶道史)。文学博士。国立民族学博物館名誉教授、総合研究大学院大学名誉教授。(wikipedia)

＊20
熊倉功夫『文化としてのマナー』岩波書店、一九九九年、viii頁。

食事の作法というのは見て分かるが、個人の心の問題は外からは見えないので誰にも言えない。法律ではない。その間の領域にマナーがあるんだと言います。箸の上げ下ろしとか、音を立てる、立てないとかですね。

ただ今回、話題になるおおひなたさんは、むしろ本当はマナーの領域にはまるようなものですね。たぶん人はそこまで言わないわけですよ。まだ箸は注意しても、目玉焼きの黄身をどういうように食べるかまではあまり注意しない。この話は、いまはこれぐらいにとどめておきます。

食べ方の問題で思い出したのが井上ひさしの『吉里吉里人』に出てくるエピソードです。これは非常に悲劇的で、老人の息子が心中してしまうんですけれども、その原因となったのが、老人との蕎麦とミカンとカレーライスの食べ方の差異なんですね。

……そ、そうかカレーライスもちょっと問題だったかな。〔中略〕カレーライスが運ばれてくると、いきなりおまえはスプーンでガチャガチャガチャと掻きまわす。カレーとライスを混ぜ合わせて泥んこにしてしまう。あれはね、じつにつまらない食べ方なんだよ、センザブロー。はじめからおしまいまで同じ味しかしないでしょうが。だいたい、汚いですよ。そこへ行くとわしのたべ方はいろんな組み合わせがたのしめる。カレーをたべたい。しかしジーッとこらえて、ふた匙、三匙、四匙とごはんばかり攻める。もう辛抱できない。そこでちょっちょっちょっとカレーをごはん側におびき出して……。ふっふっふ、そのときのおいしさといったら。ごちゃ混ぜしてたべるおまえにはわからんだろうねえ……〔中略〕

……おまえの豚のようなたべ方が次第に気になりだした。そしてある日わしはついに怒鳴りつけた。「カレーとごはんと福神漬とを常に峻別せよ。そうすれば七通りのたべ方がたのしめるのだ」とね。おまえはふふんと鼻で笑った。わしはカッとなってコップの水をおまえに……[*21]

カレーとライスを混ぜ合わせる。おおひなたさんの作品にも混ぜラーが出てきますけれども、それに対してお父さんは、カレーとご飯と福神漬けを常に峻別せよと。さらに混ぜ合わせるのをぼろくそに言うわけですよ、「ガチャガチャガチャ」とか「泥んこ」とか「実につまらない」、「ブタのような食べ方」みたいな感じで。

こういうひどいことまで起こってしまうのは一体何故なのか。歴史家のノルベルト・エリアスが指摘していることを見てみましょう。[*22]

自分たちの肉体の働きについてわれわれより率直に述べたり、その名を挙げたりする人間、これらの働きを隠したり差し控えたりすることがわれわれより少ない人間、その人間に対してわれわれが感じる不快感は、それが強くても弱くてもすべて、「未開の」とか「文明化されていない」という判断に現われる支配的な感情のひとつである。したがってこれは、「未開状態に対する不快感」である。

これは食卓に限らず、広い意味での行儀作法みたいな話なんですけれども、要するに、自分が文明化している、そして、文明化していないものに対する不快感というものを表していると思うんです。未開状態に対する不快感みたいなのがある。実際に自分が文明化されていると思ってない場合でも、違う食べ方を見たら、一種の未開状態に対する不快感という、転倒みたいなことが起こって

＊21
井上ひさし『吉里吉里人』下、新潮文庫、一五〇―一五一頁。

＊22
ノルベルト・エリアス『ヨーロッパ上流階層の風俗の変遷』（『文明化の過程』上）、赤井慧爾・中村元保・吉田正勝訳、法政大学出版局、一九七七年、一四八頁。

しまうのではないかなと思います。ただ、『目玉焼きの黄身 いつつぶす?』の主人公の二郎は、そのあと、本当に僕の食べ方は正しいのかというような感じで、自分ですごく悩んでしまうんです。以上、一つのガイドラインとして、初めにお話をしました。ちょっと長かったかな。

では、次は吉村和真さん。ご存知の通りマンガ研究者で、しかも、おおひなたさんの出身地である横手市のマンガアドバイザーという名刺もお持ちの方です。では、ここで吉村さんから「マンガは何を食べてきたのか」というところをお話しいただきたいと思います。

マンガは何を食べてきたのか——人間の生と性

吉村 あらためまして、京都精華大学から来ました吉村と申します。私は、「マンガは何を食べてきたのか」というテーマで、今の佐藤さんのラインとは少し違った角度から外堀を埋めていきたいと思います。

今お話しいただいたグルメマンガの歴史やマンガが、どのような場面で読者の頭に印象を残してきたのかということについては、南信長さんの『マンガの食卓』[*23]や、先ほど出てきました杉村さんの『グルメ漫画50年史』という、比較的最近の研究があります。そこには食というものについて、作品の主題なのか、一番のメインなのか、料理なのか、食べ方なのか、いろいろな見方がありますが、それも佐藤さんのご説明から見えてきたかと思います。それを踏まえ、私は、グルメマンガの歴史でも料理マンガの特徴でもなく、マンガのなかで何が食べられてきたのかというテーマで、もう少し論点を絞りながら、二つの作品を素材に考えてみます。

一つは、時代を一気に遡って、戦後マンガのある方向性を決めたといわれている作品、もう一つ

*23 南信長『マンガの食卓』NTT出版、二〇一三年。

は、現在とても人気のある作品を取り上げます。というわけで、マンガ史を両端から挟んでいこうという意図もあります。具体的には、前者が、知る人ぞ知る手塚治虫の『ロストワールド』（次頁図2参照）です。

今、手元にあるのは完全復刻版なので、かなり元の版に忠実にお見せできると思いますが、簡単に書誌情報を確認しておきます。手塚の『ロストワールド』は、不二書房から一九四八年に描き下ろしで出たものです。地球編と宇宙編があって、今からお見せするのは宇宙編の部分ですけれども、これを含めた初期ＳＦ三部作と評される作品が手塚にはありまして、具体的にはこの『ロストワールド』のほかに『メトロポリス』と『来るべき世界』になります。

この三作品がなぜ有名なのか、簡単にいえば、そのあとのマンガ家に与えた影響が多大だということです。なかでも『ロストワールド』に魅了された読者は多く、これに関して、今回のテーマであるマンガと食の関係から説明することになります。

大まかには前半が地球編になります。細かなストーリーは省きますが、登場人物たちが大勢で、地球にはない特殊なエネルギーを埋蔵していると思われる星へ探検に飛び立つところまでが地球編です。ロケットに乗って、みんなでその星を探しに行くんですね。ここで主要な登場人物が出てきますが、〔スクリーンを指しながら〕この人が今回の発表にとってキーパーソンになってきます。名前は「あやめさん」で、「豚藻博士の手で作られた植物人間の娘」です。

宇宙編はこうやって始まります。地球からロケットに乗って主要人物たちが飛び立っていくんですが、そのなかに一人、隠れていたのが「ランプ」です。手塚作品のスター・システムのなかで最も有名な一人です。彼はいろんな作品で悪者を務めるんですが、ここでは怪しげな目をあやめさんに向けています。補足説明すると、このあやめさん、実は双子なんです。もみじとあやめがいて、

吉村和真氏

どちらも科学者が植物から作り上げた人工人間なんです。

そこで、今風にいえばランプがあやめさんにセクハラをするわけですね。「お嬢さん、手伝いましょうか」、「何をなさいますの」、「握手しましょうよ」なんて言いながら、さらにとんでもないことに、「そう言わず、握手しましょうよ」と、抱きついてしまうのです。「何をするんだ」と敷島博士が中に割って入っても、ヘビのようにしつこい男なんです、ランプは。で、ランプから助けてくれた敷島博士に対して、「お兄さまみたいな気がするわ、あれが本当にお兄さまだったら、私、枯れちゃってもいいわ」と、植物から生まれた人間らしく、あやめさんは言います。

するとこのあと、あるトラブルでロケットが動かなくなり、船内の乗組員たちは籠城でおなかを減らしていくわけです。ここには「四月一日」とありますけれども、既に一週間経っていて、みんなが痩せていっている様子がわかります。そしてランプも含めて、どんどんみんな力が弱っていくんですが、植物人間である双子のもみじとあやめだけは元気があるわけですね。「僕も、君たち植物のように一杯の水だけで生きていけるようになりたい」なんて言われています。

さらに、一緒にいたウサギを食べよう

とする人間たちも出てきます。一応このウサギは科学の力で人間のようにしゃべるので、ロケットの乗組員になっているんですけれども、「さぁ、その食い物を渡せ」、「何を言うんだ」というようなやりとりが描かれます。そして事件は、このあとに起きます。

四月四日、つまりあれから三日が経っていますが、さらにおなかが減った人たちのなかで、ランプが「アア、野菜が食いたい、青いものが食いたい、植物が食いたい!!」とフラフラしながら言うわけです。「し、植物、植物……」と言って、ランプが手を差し伸べる先には、もみじさん。そして、このコマ〔下図〕に進みます。何も具体的な場面は描かれていません。「キャッ」と言う声。でも、この「キャッ」と言うのは部屋の中にいるもみじさんじゃなく、その外にいるあやめさんの声です。そこに通りかかったヒゲオヤジ、「あっそれはもみじさんの頭のはっぱだ！」、「しまった！　すでにおそし……もみじさん、とんでもないことになっちまってるぞッ　きっとあいつだ、あいつのしわざにちがいない」ということで、ヒゲオヤジがその部屋、つまり犯行現場に入ると、「いたな…こいつめ」と、さっきまで空腹で痩せ細っていたランプのおなかがふく

図2　手塚治虫『ロストワールド』©手塚プロダクション

らんでいるのが見えます。もう何が起きたかわかりますよね。

そこでヒゲオヤジが「ランプ、きさまの口の周りについてる青いものはなんだ、きさまはとうとう恐ろしいことをやりやがったな」と詰問すると、「ふん、お察しのとおりさ」とランプは悪びれずに答えます。で、二人のドタバタが起きるかという時に、ある衝撃でロケットが動きだし、目的地のママンゴ星に向かって進み、この事件はうやむやのままになってしまうのです。

さて、このシーンを読んで、みなさんはどう思われましたか。

もう一回、この場面です。ここ〔右頁三コマ目〕からここ〔左頁一コマ目〕、コマでいえば一コマしか進んでいませんし、具体的なシーンは何も描かれていないのですが、このシーンに、ものすごく印象深い思い出を持った人物がいました。

それは、最近まで日本マンガ学会の会長も務められていて、長年、世界のマンガの翻訳や研究をされてきた、小野耕世さんです。小野さんは一九七九年に「葉緑素を持った女陰」というエッセイを書かれているのですが、[*24] そこに、次のような文章が出てきます。

ランプの口もとには、なにかミドリ色のものがついている。「ランプ、きさまおっそろしいことをしでかしたな」ヒゲオヤジの声もふるえている……。〔中略〕相手が植物人間とはいえ、ここではあきらかに男が女を食べてしまったのである。おそらく、こんなに官能的で刺激的なエピソードが、少年マンガのなかに描かれたことはかつてない。いや、相手が植物だからこそ、この場面はなお妖しさを増すのではないか。飢えきった男が、豊潤でみずみずしい若い健康な娘を、食べてしまったのである。／この場合、女を食べるという行為は、すぐに性交行為につながる。子どもマンガなのだから、ここでセックスを描くわけにはいかない。しかし、女

＊24
小野耕世「葉緑素をもった女陰」竹内オサム・村上知彦編『マンガ批評大系 第一巻（アトム・影丸・サザエさん）』平凡社、一九三九年。

を食べることに替えたことによって、むしろ、セックスを描くよりも、結果的には目もくらむほどの刺激的な効果をあげたとさえいえるのだ。

実のところ、この『ロストワールド』は、先ほども言いましたように、いろんな作家に影響を与えたわけですが、例えば、藤子不二雄とか松本零士とか赤塚不二夫など、のちに大御所となる人たちは、およそこの作品についていろんな回想をしています。そのときのポイントは、SFマンガという要素だけじゃなくて、男と女を描いたマンガだということを言っているわけですね。

ここで食べられたのは、双子の植物人間のうちもみじさんのほうです。別にこの作品をみなさんがすぐに買って読むとは思えませんので、ネタバレさせてしまいますけれども、ここから話が進んでどうなるかというと、途中は省きますが、何とか到着したママンゴ星からロケットが再び地球に向けて飛び立つ際、敷島博士ともう一人の植物人間であるあやめさんだけがママンゴ星に取り残されるんです。で。この二人のあいだで、こんなふうなやりとりがあります。

「しまった、ロケットに積んでおいたエネルギー石に落雷して爆発したんだ」と敷島博士、「あぁ、もう僕たちは地球へ帰れなくなってしまった、永久に二人だけになってしまったんだ、地球はもう遠い、遠い別世界になった、僕たちは今からママンゴ星の人間として新しい生活を始めようじゃないか、ねぇ、僕たち、兄妹になろう」、「私を妹にしてくださいますの？　うれしいわ」、「そして、僕たちはママンゴ星の王様と女王様だよ」、「お兄さま」。

という具合に、おかしなせりふが並んでいるわけですね。つまりこの二人の関係は、男と女なのか、兄と妹なのか、みたいなことですが、なぜこんなふうになったのかというと、この『ロストワールド』の出版にあたって、もともと手塚が考えていたストーリーを一部、読者である子供に配慮して書き換えているんです。

配布レジュメに、「戦時中に描かれた私家版あり」とありますが、手塚は、実はこの『ロストワールド』を、戦後に出版する前、つまり戦時中に描いていたのです。そのときの原稿が、一九八二年に名著刊行会から刊行されたのです。それがこの私家版です。その私家版では、ページ数ももっと多いし、敷島博士とあやめさんは兄と妹ではなく、大人の男女として描かれていました。ところが戦後になって、子供向けに内容を描き直さなきゃいけないということで、当初の設定と矛盾が生じるような関係になっちゃったわけです。

しかも、ここに出てくる二人の上半身は裸なんですけれども、この時期にマンガのなかで大人の男女の裸を描くこと自体、これを僕らが今見て興奮するかというのは別の問題ですが、衝撃的な話なんです。そうしたなかで、あの事件のシーンをもう一度読み解こうとするとどうなるか。ここでは「食べる」という行為が、単なる食事のことではなく、飢餓のなかでの「生」のためとはいえ、もう一つの「性」のほう、つまり、小野さんが指摘されたように、セックス以上の刺激を読者に想起させるものとして、「女性を食べる」という行為が機能したことが十分に考えられます。

その意味において、この場面に思い入れを持った子供の読者が少なからずいて、なかにはのちに漫画家になる人もいて、その人たちのマンガにその影響が波及していくとすれば、一九七〇年代以降に広がっていくとされるグルメマンガ以前の歴史のなかで、実は「食べる」という行為が、男女関係や性の問題という別次元の行為として、描かれ、読まれていた事実を指摘しておきたいのです。別の言い方をすれば、『ロストワールド』によって、戦後のマンガには「食べる」という行為にある呪縛がかけられたとも表現できるし、手塚の影響はこんなところにもあったということになります。

地域の食と色

さて、今度はがらっと雰囲気が変わって、二番の「地域の食と色」とレジュメに書いてあるところに移ります。ここでは、この作品を紹介したいと思っています。『一日外出録ハンチョウ』、これをご覧になったことがある人はどれぐらいいますか。ありがとうございます。実は、うちの京都精華大学のマンガ学部卒業生が原作者なのですが、二年前の「このマンガがすごい！」で第一位を取ったんですよ。かなり売れています。

福本伸行さんをご存じかと思います。『カイジ』[*25]とか『アカギ』[*26]とかを描いています。この『ハンチョウ』は『カイジ』のスピンオフ作品なんです。本作の主人公は、もともとカイジを見張っている悪い班長なんです。借金のカタに閉じ込められた地下にいる班長たちが、そこで貯めたお金を利用して、たまに一日だけ地上に外出して、日常の世界で羽を伸ばすというのが基本設定です。

『カイジ』は結構ドキドキ、ハラハラする展開ですが、そこから一転して、地上で羽を伸ばす主人公たちが、二四時間という限られた時間のなかで、それこそ何を食べて、どう休息するかという、日常的な面白さというか緩さを味わう内容になっています。つまり、ようやく手にした自由時間をどうやって満喫するかということが毎回のテーマになるわけですが、そのなかに、主人公の大槻班長がはじめて名古屋に外出する回があります。そうです、これは名古屋大学で開催される今日の発表のために持ってきたお話です。

それで、いったい名古屋で何をするのか。一応、大槻が逃げ出さないように監視役がいるんですが、それを知っていて、こんなふうにからかいながら、ウケとる、ウケとると、初名古屋とあって

図3 『1日外出録ハンチョウ』（第三巻、講談社、二〇一八年）原作：萩原天晴、漫画：上原求・新井和也、協力：福本伸行

＊25 『賭博黙示録カイジ』。『週刊ヤングマガジン』にて、一九九六年から九九年まで連載され、そののちタイトルの「賭博黙示録」の部分を変えながら現在に至るまで連載。

＊26 『アカギ〜闇に降り立った天才〜』。『近代麻雀』にて一九九二年から二〇一八年まで連載。

大槻のテンションは高めです。「しかし大槻、なぜ名古屋なんだ」、「いや、実はわし、名古屋は初めてというか、厳密にいうと名古屋駅を出るのが初めてで」、「あ、俺もそうだ」。ここにいるみなさんのなかにも同じような方がいらっしゃると思うんですけど、こんなふうに大槻と監視役の他愛ない会話が続きます。「名古屋の観光地って何だ」、「あぁ、そりゃまずは名古屋城だろう」、「ふんふん」、「名古屋ドーム」、「ふんふん」、「あとは、ん？　レゴラ……」と、これは途中で止められますけれども、「ないですよ、これといって、百万都市なのに、だけど、口をそろえて、みんな名古屋の人は名古屋を出たくないと言う、なので、確かめに来たんです、その謎」ということで、二人の名古屋巡りが始まります。

まず、大須に向かいます。名古屋のベタなものを食べようということで、「小倉トーストを頂きましょう」、「うまいな」、「しかしこれを思いついたとして出しますか、店に」というところで、福本作品の特徴的なオノマトペであるあの「ざわざわ」が出ます。「確かにやるとしてもクックパッドに載せるのが関の山」、「しかし名古屋では、あまつさえ街の名物メニューにまで押し上げている」、「うっ」。また「ざわざわ」。

続いて、街中を見て回るんですけれど、「おしゃれなカフェがあったかと思えば、すぐ横に射的場、自由過ぎる、全体的に何となく雑」と、その印象を述べます。さらに、謎の催し物に出くわしたあと、やっぱり名物を食べようということで、エビフリャーを食べに行くわけですが、「えっ？」、スマホで調べているんですけれども、「エビフライはもともと名古屋で特産品でも何でもないらしい」、「だって、エビフリャーって」、「それはタモリが冗談で言っただけだ」、「は？　じゃ、何でエビフライ専門店が」、「エビフライ定食です」、ゴトン。食べたら、「何でこんなにうまいんだよ」と展開します。

知れば知るほど名古屋がわからなくなってきた二人は、「大阪は分かる、明確にウケを狙ってきているから、だけど、名古屋は分からん」となります。

それで翌日、ホテルのスタッフに大槻が名古屋の魅力について質問してみると、「名古屋は、結局は独立国家なんですよ」と説明されるわけです。それを聞いた大槻は、「なるほど、なるほど、これで分かった」と、さらに、スタッフに「名古屋人は意外とツンデレで、褒められると喜びます」ということまで教えてもらい、大槻は「もう考えるのはやめましょう」ということで、二人は、みそかつやみそ煮込みうどんなど、名古屋名物の店を巡行。「みそかつ、うまっ」、「台湾ラーメン、辛っ」、「乾杯」とか言いながら、最後「好きです、名古屋、よく分からなかったけど」と、終わります。

以上が作品の紹介ですが、これは単に面白いから取り上げたというのではなく、「食」を扱ったマンガが行き着いた先にこういうテイストもあるという話をしたかったんです。というのは、あとでまた言及しますけれども、最近のグルメマンガで一番元気が良いのはコンビニマンガだと私は思います。Ｂ級グルメとコンビニマンガの相性の良さが明らかに存在していて、作品のテーマや読者の購買欲に対する「ゆるさ」みたいなものが両者を、それこそゆるく繋いでいるわけですが、『ハンチョウ』にはその「ゆるさ」がうまく表現されています。しかも、日常のゆるい食というテーマに加え、先ほど言ったように非日常のドキドキやハラハラを描いた『カイジ』のスピンオフ作品という点でも、この作品は、二転三転どころか、四転ぐらい、ぐるぐるぐるぐる回っていくうちに、成立した作品だと言えると思います。

この作品は食マンガとしても読めますし、一つのパロディとしても読める。さらに、名物の食べ物からその地域色を見極めようとする点では、『秘密のケンミンＳＨＯＷ』[*27]みたいな要素も含まれ

＊27
日本テレビ系列で毎週木曜日二十一時台に放送されているバラエティ番組。

ています。こうした多面的な要素を持った作品を、食マンガの歴史みたいなところに置き直した場合、はたしてどういう評価ができるのか、少し慎重に考えてみたいということです。

以上をまとめると、早くも戦後すぐに、「食べる」という行為に別次元の刺激というか要素を持ち込んでいた作品である『ロストワールド』と、まさに現在連載中で、多面的な要素のなかに「食」を持ち込んでいる『ハンチョウ』という、戦後日本のマンガ史の両端に位置する二つの作品を取り上げながら、「食とマンガ」についての問題系を広げてみたというか、意図的に少し混乱させてみたかったということになります。

というわけで「終わりに」になりますが、そういうことを考えると、食のマンガ史から見えてくるのは、食べるという行為と読むという行為はそもそも相性がいいんじゃないかということでもあります。「味読」という言い方は、それをそのまま示唆しているのかもしれません。つまり私たちは、食を扱うマンガと向き合う際に、それを読んでいるのか、味わっているのか、あるいは、それを視覚的な表象として目で解釈・感受しているのか、知覚の部分でそれを感知・消費しているのか、といったことを考えてみるのも面白いかもしれません。繰り返しますが、B級グルメとコンビニマンガの愛称の良さも、こうした課題設定から検討できるのではと思います。

佐藤　吉村さん、ありがとうございます。今、前半の『ロストワールド』の話は、昨日の第1セッションでの檜垣さん、久保さんの話と続きのような感じで、このまま最後の第3セッションにも続いていくのかなという気がします。

続きまして、おおひなたさんにお話しいただくんですが、昨日からも、それこそ社会人類学の久保さんが、既に、主観的なものと客観的なものというところを述べ、例として、おおひなたさんの作品を挙げられております。そういう意味でも昨日から続いているような気はいたします。

では、よろしくお願いいたします。

『目玉焼きの黄身 いつつぶす？』を読む／語る

おおひなた　あらためまして、マンガ家をやりつつ、京都精華大学の新世代マンガコースで教員をやっておりますおおひなたと申します。よろしくお願いします。

これから私の『目玉焼きの黄身 いつつぶす？』の第一話をダイジェストにしたものがあるので、それをお見せしたいと思います。この作品は二〇一二年に『コミックビーム』で連載が始まりまして、現在、単行本は第十巻まで刊行しております〔その後、十一巻で完結〕。それの第一話目をお見せしたいと思います。よろしくお願いします。ちょっと読みますね。

おおひなたごう氏

図４　おおひなたごう『目玉焼きの黄身 いつつぶす？』第１巻、エンターブレイン、2013 年

おおひなたごう
特別スライド口演

『目玉焼きの黄身
いつつぶす？』
第1話

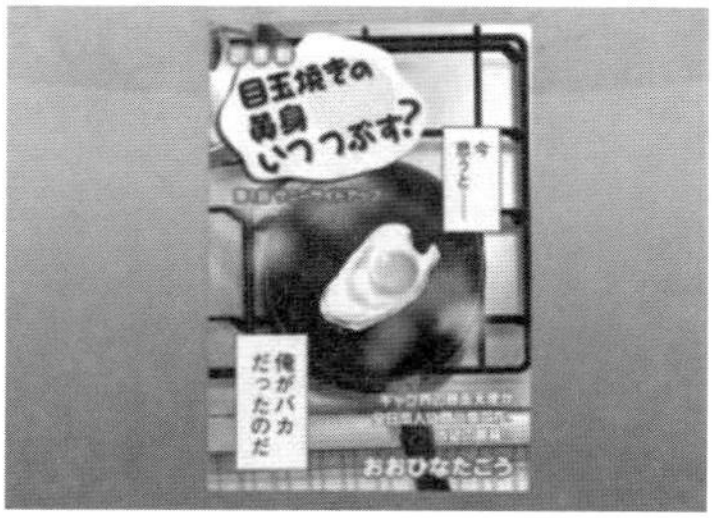

登場人物はみふゆと二郎。二人は昨夜、とうとう初めて二人の夜を過ごしたのだった。

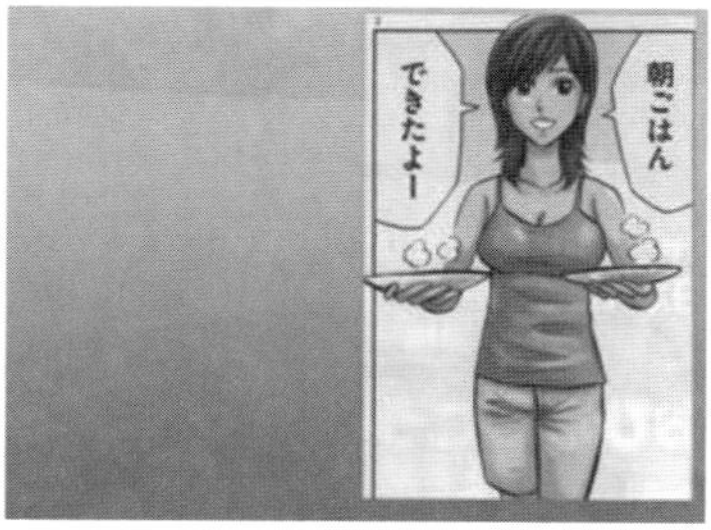

目玉焼きに、ソーセージとほうれん草、味噌汁と炊きたてのご飯。完璧な朝ご飯である。

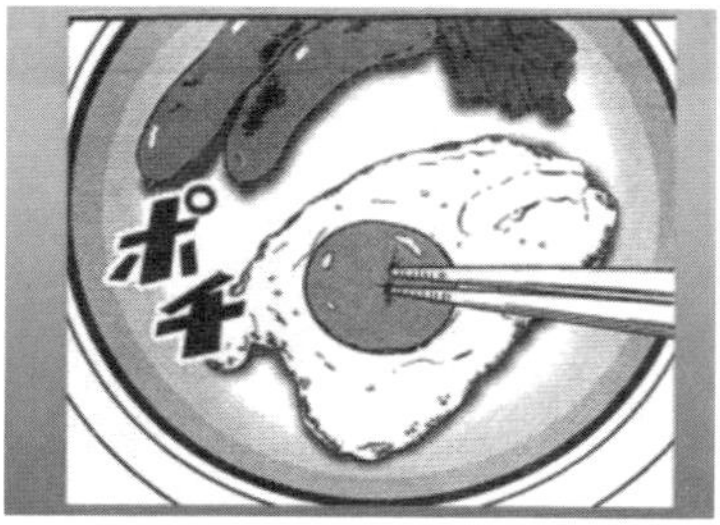

二郎は、まず黄身に穴を開け、

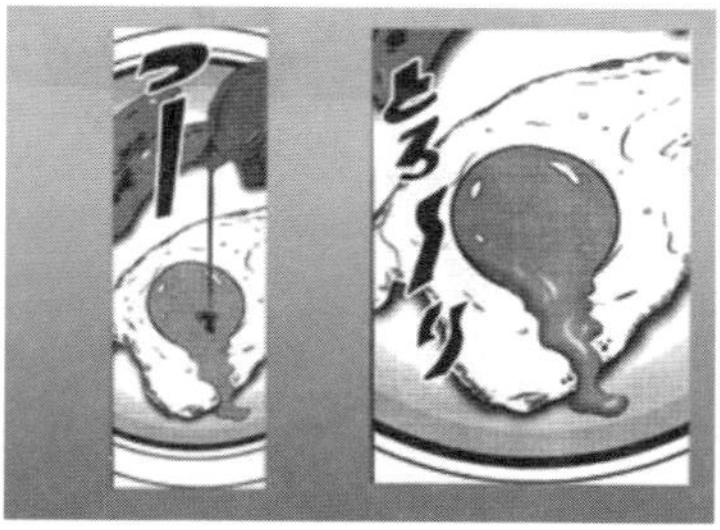

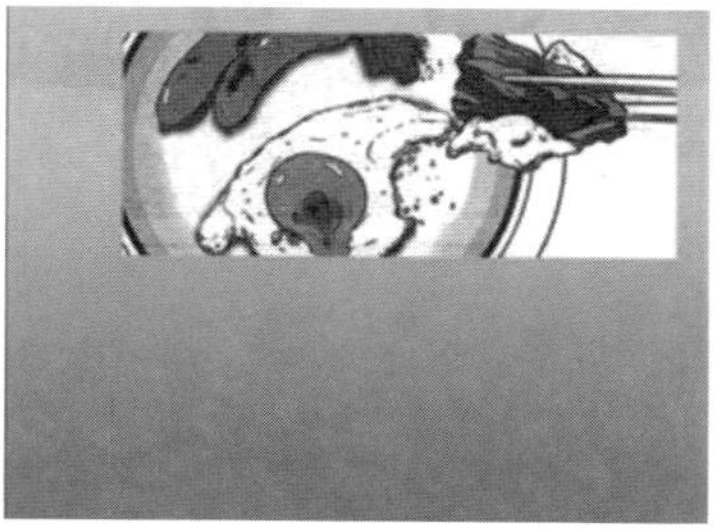

ほうれん草を白身にくるみ、

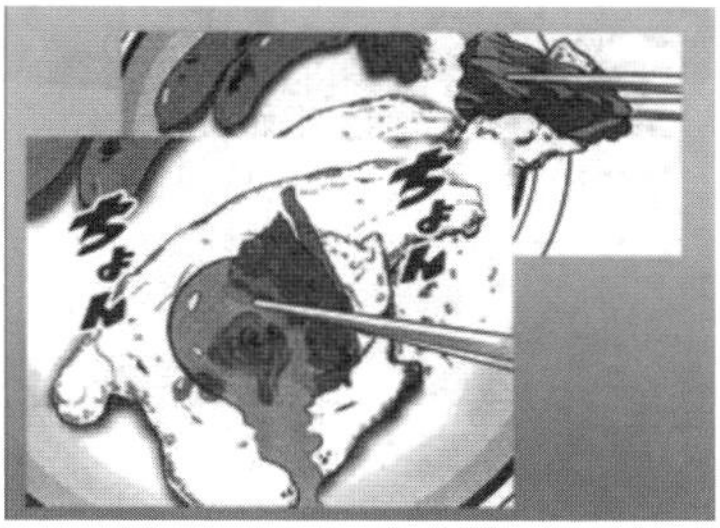

黄身に浸して……

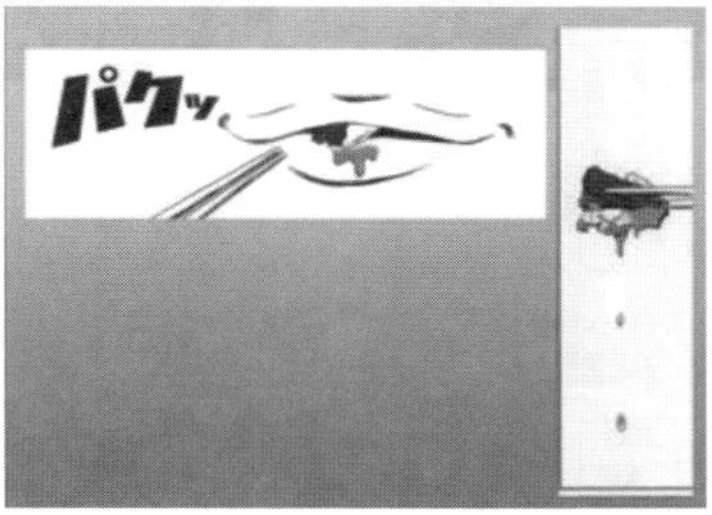

食べる。

至福のひとときである。

ところが、みふゆの食べ方は……

みふゆは、黄身を一口でペロッと食べる女だった。

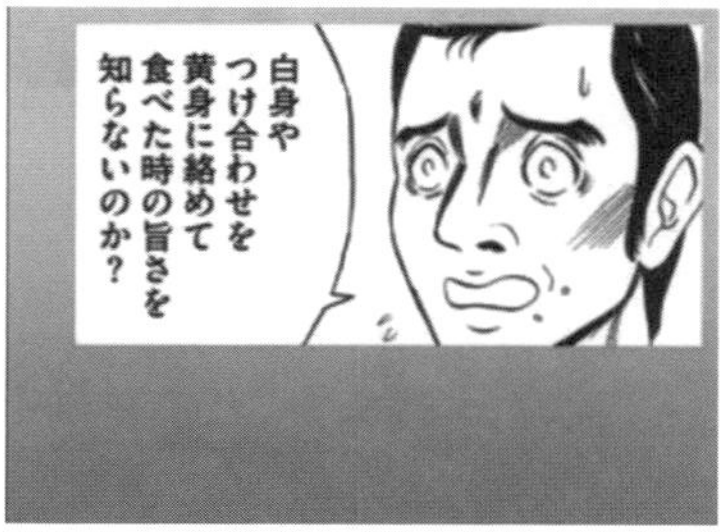

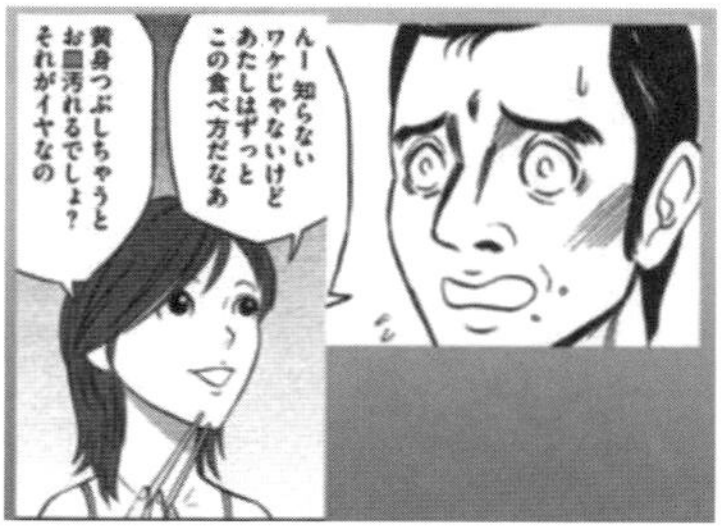

思わず口をついて出た

二郎の仕事、それはゆるキャラのスーツアクター。

イベンターの近藤。二郎の良き理解者である。

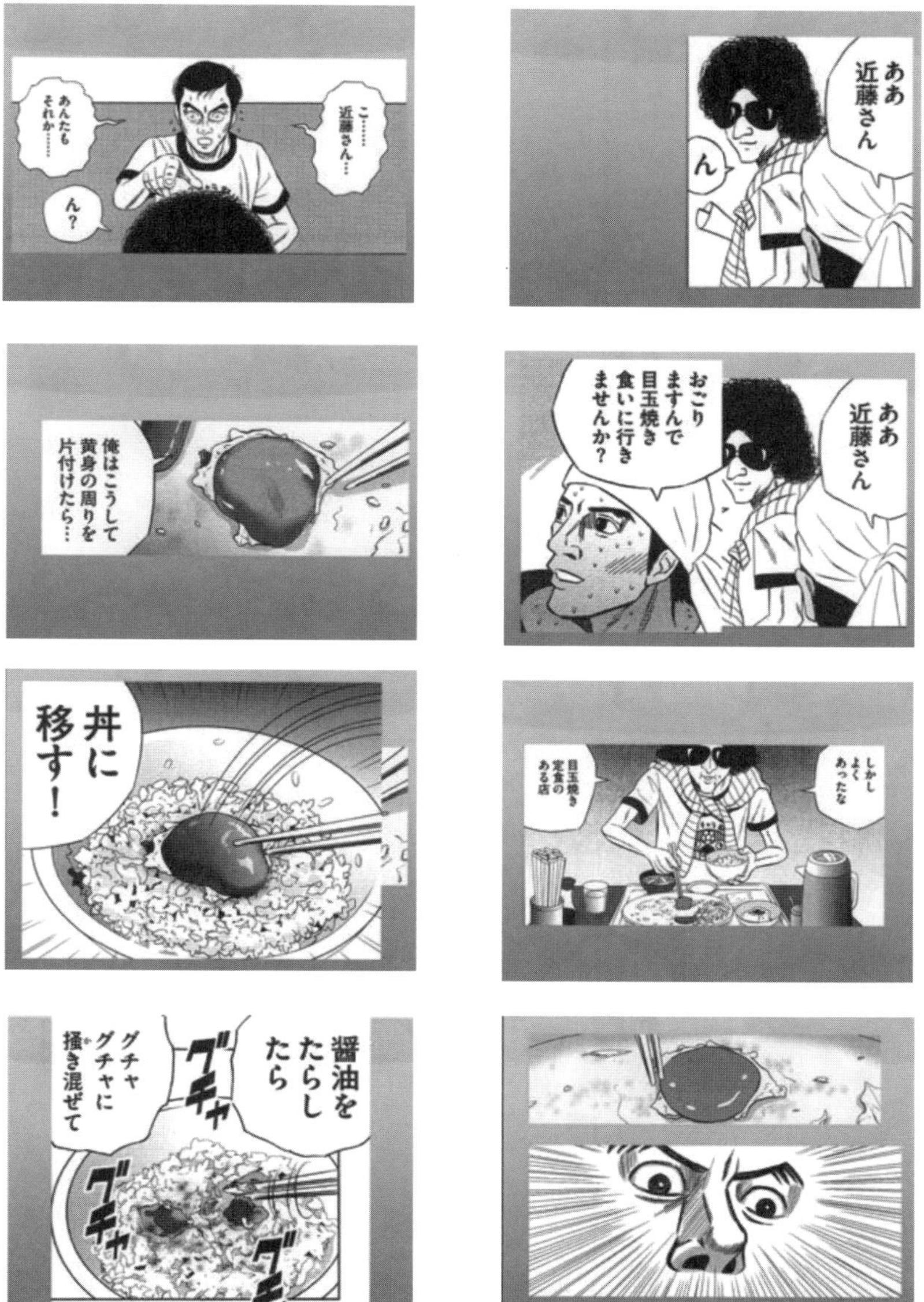

近藤の食べ方を見て、ハッとする二郎。

一気にかっこむ!

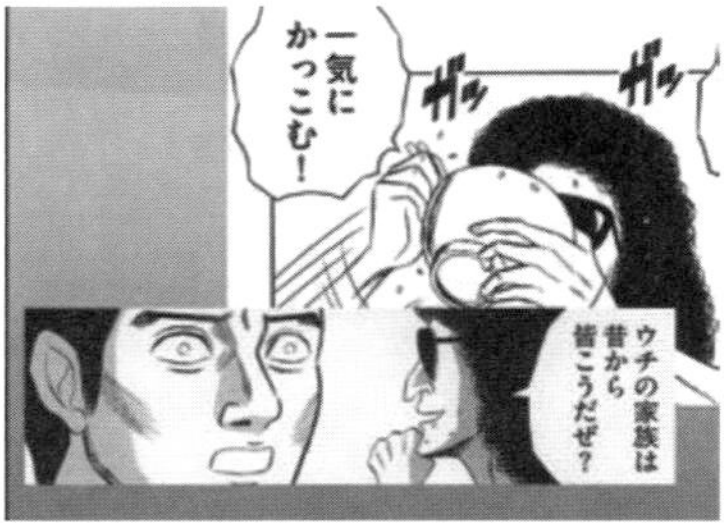
一気にかっこむ!
ウチの家族は昔から皆こうだぜ?

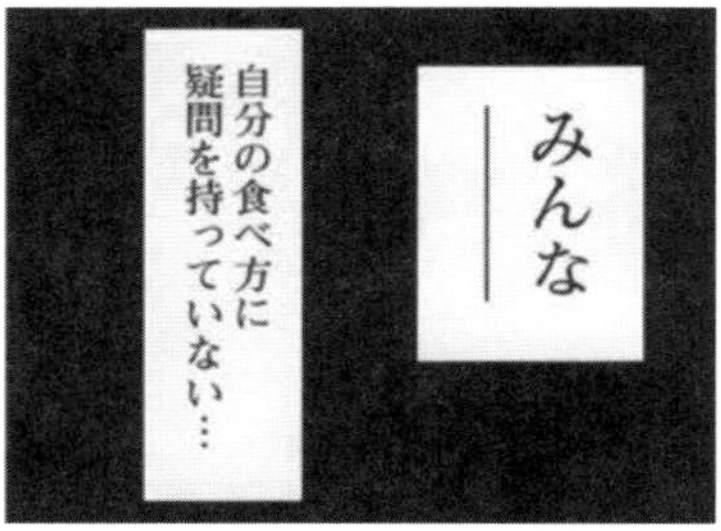
みんな
―
自分の食べ方に疑問を持っていない…

人がどう食べるかなんて考えたこともなかったな…
ピ

そして二郎は、自分で目玉焼きを作り始める。

白身だけで食べるというのも…
そう悪くない…かもな

プチ
あっ

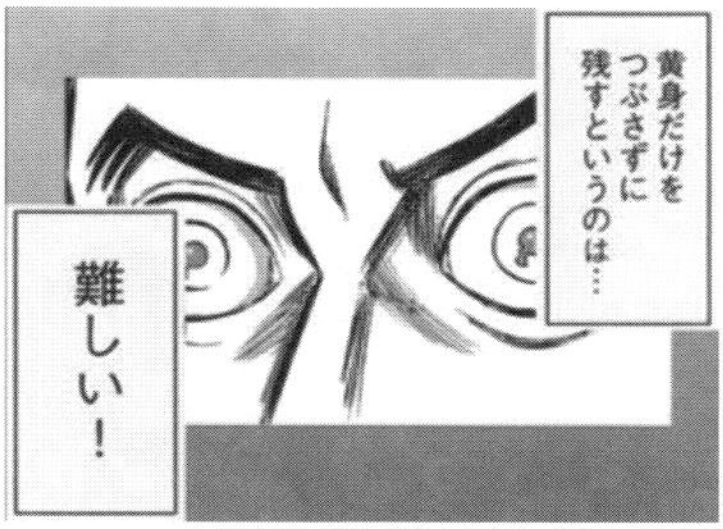

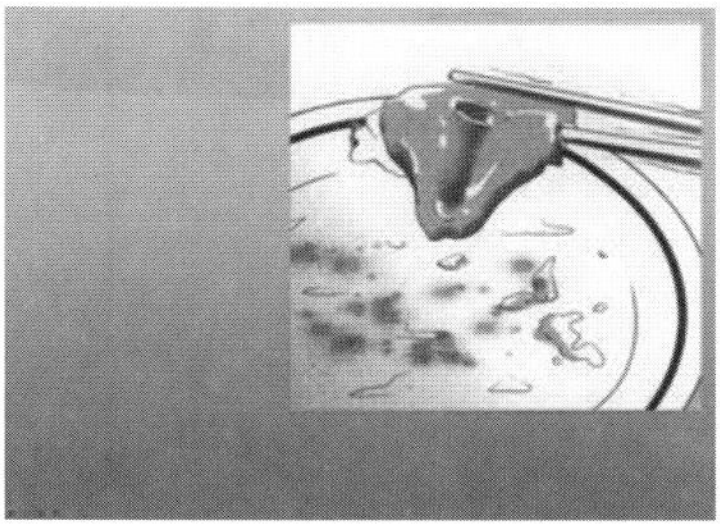

ここで二郎はみふゆの言った言葉を思い出す。

みふゆに会いたい! 会って謝りたい!

でも、やっぱり仕事の方が大事だよね。

出典:おおひなたごう『目玉焼きの黄身 いつつぶす?』第1巻、エンターブレイン、2013年
スライド作成・口演:おおひなたごう

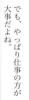

以上です。

吉村　おなかがいっぱいになりました。

佐藤　実は、スライドショーはマンガともアニメとももまた違う。

吉村　全然違う味わいです。

佐藤　そうね。しかもおおひなたさんの声が。

吉村　しかも「コマ内」で完結するところと「コマを引いてみせる」ところがあるのは本当に違う。

おおひなた　なるほどね。

佐藤　メディア体験がたぶん一つ違うのかなというような感じもして、非常に面白い。

おおひなた　これは私が授業で一回生に、私の自己紹介をするときに見せるPowerPointです。

吉村　どんな人と思われたいんですか。

おおひなた　取りあえず、こういうマンガを描いていますという。

吉村　なるほど。

佐藤　でも先ほど僕はこれの先行例みたいな感じで、『ダンドリくん』とか泉昌之の作品を出したけれども、やっぱり違うんですよね。「巻き込む」とか「幾つもの闘争がある」とここにも書いています。要するに、こんなことにこだわるやつがおるのかという極端なものに対して、すごく引いているんだけれども、本当に読者を巻き込むし、これについて何か言いたくなる人がたくさんいると思う。「私の食べ方はこれ」みたいな感じで、すごく巻き込まれるところがあると思って。

では、まず吉村さんから、いろいろな話をしていきたいと。

吉村　形式としては、私と佐藤さんがおおひなたさんに公開インタビューするみたいな感じだと思うんですけれども、まず単純にお聞きしたいのは、この作品の着想に当たって参考にしたマンガがあるかとか、あるいはずっと読んでこられた読者として、おおひなたさんが気になるグルメマンガや、食べるシーンが印象に残っているマンガなどがあったら教えてください。

おおひなた　もちろん泉昌之さんの作品は大好きで、『ダンドリくん』から、『夜行』から、『かっこいいスキヤキ』[*28]とかは全部読んでいました。『孤独のグルメ』ももちろん。ただ、このマンガを考えたときに、その辺りのグルメマンガのことは一切頭に入ってなくて、無意識で作った感じなんですね。

吉村　単純にネタとして、まずこれが面白そうだというところからはじまったんですか?

おおひなた　はい。着想についてては、みふゆと二郎は私と嫁なんです。二郎の食べ方が私で、みふゆの食べ方が嫁なんですね。嫁の食べ方に単純に僕が驚いたんです。「それ、一口で食うの?」と、本当にこのマンガで起こったようなことがあって、以前からこういう食べ方をしているのは俺だけなのかなとか、いろいろ考えながら毎回食べていたんですね。かといって、それを誰かに伝えるという行為はしたことがなくて、きっとみんなは、何かもやもやしながら食事しているんじゃないかという思いがずっとあって。嫁との捉え方の違いを目の当たりしたときに、この衝撃をマンガにしたら、きっと共感を得られるんじゃないかというのがあって、そこが発想した最初でしたね。

吉村　実際にいろいろ出てくる登場人物たちも、かなり実在の方のお話を入れているんですよね。

おおひなた　そうですね。想像だけで描くと、どうしても、うそくさくなってしまう部分があるので、あくまで実際に誰かがやっている食べ方を聞いて、それをもとに作品を作っています。

吉村　作品のなかでいろんな食べ方を確認するために、お店をどんどん回られているようですけれども、あれもご自身で行かれたんですよね。

＊28
『夜行』は、泉昌之最初の作品とされる。一九八一年に『ガロ』に持ち込まれた。『かっこいいスキヤキ』（青林堂のち扶桑社文庫）は、同ユニット一九八三年の作品で、いずれも食をテーマにしており、トレンチコートを着たハードボイルド風な男性が主人公。この男性は、のちの『食の軍師』にも登場する。

おおひなた　はい、結構自分で回ったりしています。

吉村　巻が進むごとに、そう思うシーンが多くなるんですけれども、主役の田宮丸二郎さんの表情がおおひなたさんにしか見えなくなってくるというか、本人にすごく似てきますよね。

おおひなた　実際に僕自身がセルフタイマーで写真を撮って、自分で顔をトレースして描いて。

吉村　やはりそうだったんですね。

おおひなた　はい。どうしても似てきちゃうんですね。

吉村　本当に自画像なんだろうなと思いながら見ていましたが、その辺のリアリティはかなりこの作品のなかでは……。というのは、ご存じの方も多いと思いますが、おおひなたさんは生粋のギャグマンガ家で、先ほどの着ぐるみなんかもそうですけれども、現実感を持たせなきゃいけないところ以外は、ほとんどギャグなんですよね。

おおひなた　そうですね。

吉村　だから、そのテイストが分かってないと、何をまじめに受け取っていいか迷ってしまいかねないわけですが。そこは、すみません、宣伝になりますけれども、おおひなたさんの画業二五周年を記念した『ひなごう！』[*29]という本がありますので、これを一回読んでいただければと。これと一緒に読んでもらうのがお勧めです。

そういう意味では、この作品を描くにあたって、今まで描かれたギャグマンガとの違い、一番難しいところ、こだわったところをもう少しお聞かせいただきたいです。

おおひなた　苦労しているところは、構成、ストーリー作り、単に食べているところだけを描いているわけじゃなくて、そこにいろいろなドラマが絡んでくるので、そのストーリーと食べ方をどう絡ませるか、関わりを持たせるかというところが一番難しいところです。

＊29　おおひなたごう『ひなごう！おおひなたごう Extra Works』ビームコミックス、二〇一六年。

ギャグマンガという面では描くのはそんなに難しくないですね。というのは、わりとシリアスなシーンが淡々と続くので、ちょっとひねるだけで笑いにつながるんですね。僕がこれまで描いてきたギャグマンガは、最初から不条理な世界とか、非日常の世界をスタート地点にしているので、ひねりを大きくしていかないと笑いにつながらないというのがあるので、そこが大変でしたけれども、この場合はシリアスなところから、ちょっとずれを描くだけでギャグになるので、ギャグといった面ではそんなに大変じゃないです。

佐藤　やっぱりご自身の意識としては、これはギャグマンガなんですね。だから食マンガというか、グルメマンガの系譜なのか、そしてギャグマンガであるとして、なぜテーマが食なのか……。

おおひなた　最初はギャグマンガという意識で描いていたんですが、徐々にストーリーマンガの面が強くなっていってしまって、一概にギャグマンガとは捉えられなくなってきたと思います。

吉村　その点で僕がこのおおひなたさんのマンガで新しいなと思っているのは、グルメマンガの特徴は、『美味しんぼ』にしても『クッキングパパ』にしても、長く連載が続いているんですけれども、基本的には一話完結というか、そういうのが多いんです。ここに取り上げているのは、「食マン」と言いまして、結構早めにマンガだけの特集というか、マンガだけで構成された雑誌なんですけれど、このなかは基本的に新作読み切りなんです。それで、おおひなたさんに話題を戻したいのですが、あの作品は、もともとそんなに長く続けようと思われていたわけじゃなかったんじゃないかと感じたのですが。

おおひなた　そうですね。連載を始めるときは、本当にこの第一話しかできていなかった状態でスタートしました。

吉村　じゃ、会いに行く前に終わるという感じだったんですか。

おおひなた　そうですね。何個かネタは描けるだろうなとは思っていましたけれども、ここまで長くなるとは思ってもいなかったので。

吉村　長くなっていくというのは、先ほどのギャグマンガとストーリーマンガという対比の場合、ギャグは短めで、一話完結で終わっていくじゃないですか。ギャグとストーリーの要素があの『目玉焼き』にあるとすれば、どんどんストーリー寄りに、おおひなたさんが変えていかなきゃいけないところがたくさん出てきてますよね。それで周りの登場人物の設定とか、あるいは食べ方の注目の仕方が変わっていっているなと思うんですけれども、おおひなたさんのマンガはその点がかなり新しいんですよね。ほかは雑誌連載の一回だけを読んでも済むようになっているんですよ。

それと、食べ方という意味では、今、泉さんも出てきましたけれども、食べ方の描写としてかなり斬新だったお一人が土山しげる先生[*30]です。今日は時間もないので、具体的にはあまりお見せすることができませんが。

佐藤　『野武士のグルメ』[*31]は、昔から作風がそうですね。

吉村　『野武士のグルメ』も久住さんとのコンビでやっています。土山先生は例えば、食べ物を口に運ぶシーンだけで二ページとか四ページを使う人なんです。今でこそ見慣れていますが、これはとても大胆な手法でした。それは、先ほど僕が言おうとした、読むという行為を目で線をなぞる行為というふうに置き換えると、味わうという感覚を長く持続させる方法になるんですよ。そうすることで、描き手としてはページ数が稼げる部分もあるし、読み手としてはそこに何かの味覚を感じるみたいになるという。実際、〔そうしてページ数を稼ぐことで〕土山先生は多作の漫画家としても知られています。

このように、一口に「食べる」と言っても、すごいいろんなレベルがあるので、もう少しおおひ

＊30
土山しげる（一九五〇―二〇一八）漫画家。石川県金沢市出身。拓殖大学中退。大阪芸術大学キャラクター造形学科客員教授。（wikipedia）

＊31
久住昌之によるグルメエッセイ（晋遊舎）。また、エッセイを原作とした土山しげる作画による漫画（幻冬舎）。また、ネットフリックスでドラマ化作品が配信中。（wikipedia）

なたさんに突っ込んで聞きたいのは、この『目玉焼き』は、食べ方というか、食べ方から考える生き方マンガじゃないですか。そんな深いテーマのギャグマンガを創作するうえで、食べることそのものへの執着にどれぐらいページ数を割いたり、取材の時間をかけたり、全体のストーリーとギャグのバランスをどう調整していったのか、といったあたりをもう少し深掘りして伺いたいんですが。

おおひなた　最初はまず食べ物ありきで、そこにストーリーを付属させるという作り方をしていたんですけれども、徐々にストーリーの比重が高くなるにつれて、ストーリーありきの上に、どういう食べ方、食材を持ってくるかというふうに変わりつつあって、今は半々ぐらいになっているかもしれないですね。

吉村　作品を読まれている方がここにどれだけいるかは分からないんですけれども、連載中の展開では、今や二郎がどんな食べ方、つまり生き方をして、どんなエンディングを迎えるのか、すごく気になってきましたよね。

おおひなた　むしろ、これをずっと読んでいる人にとってはストーリーが邪魔だという読者もたくさんいます。みふゆと二郎の恋愛シーンになってくると、なえるとか、最初みたいに食べ方でキレたりする場面をもっと見たいという。

佐藤　昨日第1セッションで話された久保さんは今日来られてないんですけれども、質問をあらかじめもらっているんです。彼いわく、おおひなたさんの作品は「今、日本で一番先行している恋愛マンガ」ということです。

吉村　僕もドキドキしていますね。

おおひなた　そうですか。

吉村　それは両立すると思っているからです。先ほど『ロストワールド』で言及した「生」と「性」の話題だって、そういうことですもんね。一緒に食べることのストレスがなくなっていくことと、その人の「生」や「性」の部分が重なっていくことというのは、かなり重要なポイントだと思うんです。

佐藤　『美味しんぼ』とかは、本当にスポ根的なところがあって、「それじゃ、料理で勝負だ」みたいなやつなんですよね。ではなくて、料理が男女関係になっていく。さらには仕事の関係になっていくという形で。だからそこで僕は、「起動する」という言い方とか、ドライビング・フォースというか、原動力みたいな感じで食が使われているのは、すごく面白いなというふうに。

おおひなた　ほかのグルメマンガと差をつけたいというのはあって、大半のグルメマンガは、ほぼストーリーがないと言っていいと思うんですよね。女の子がレストランかカフェに来て、ただ食べるだけみたいな……。

吉村　かなりありますよ。

おおひなた　腐るほどあって。

佐藤　エッセーマンガに近いタイプのやつになりますかね。

吉村　そうです。B級グルメマンガは、ほぼエッセーマンガなんですよ。

おおひなた　読者は食べているシーンが見られれば、結構それでいいんですよ。それはエロマンガに近いなと思って、エロマンガはストーリーがむしろ要らないじゃないですか。エロマンガ、エロビデオとかにしても前振りは飛ばすでしょう?

吉村　僕にあまり同意を求めないで。

おおひなた　結構みんなは行為をしているシーンだけを見たいんです。不要なストーリーはないほうがいいという読者もたくさんいます。

吉村　それでいうと、先ほどの長く続く秘訣の話でいえば、それの代表である『クッキングパパ』のうえやまとちさんに、マンガミュージアムでよくイベントもする関係上、いつも聞くんですけれども……。

佐藤　ちなみにマンガミュージアムで、うえやまとちさんを招いて、吉村さんが司会で、二人でエプロンして講堂で料理を作っているという。

吉村　そうです。料理を作って、先ほど出たレシピに書いてある料理を作り、そのレシピが登場するマンガをみんなで、スクリーンで読みながら公開インタビューをしつつ、ご本人には料理を作っていただき、九〇分たったら料理が三つできているので、みんなで試食するという、贅沢なイベントです。何でそんなことをするかといったら、五感でマンガを味わうんだということを目指したんですよ。読むということだけじゃない。多様な感覚を用いてマンガのポテンシャルを引き出そうという意図が実はあるんです。詳しくはまた時間があったらお話しします。

今言いかけたのは、作者である、うえやまとちさんに、「何でそんなに長く続くんですか」と、あれは三〇年以上連載が続いていて、一五〇巻に迫るぐらいのお話なんですけれども、それを聞いたら、すごく納得できる回答だったんです。あのマンガは、まずレシピのページから作るんだそうです。まずは実際に料理とレシピを作り、自分たちが食べたあとで、その料理を誰がやったら良いかとか誰が食べたら面白いかとかを考えていくらしいんですよ。だから、料理のメニューがなくならない限り、このマンガはおわりませんというお答えでした。

佐藤　レシピのページですね。

吉村　そうですね。これを実際にまず作る。ここから始めるわけですね。だから、そういう意味でも食のリアリティみたいなものが出てくるんでしょう。

あの作品は『モーニング』に連載されていて、同じ掲載誌であるよしながふみさんの『きのう何食べた？』[*32]が昨日もここで話題になったと聞きましたけれど、メインの読者層から考えれば、もっと男女間とか夫婦間の性生活みたいなことを匂わせてもいいんですが、ほとんど匂ってこないです。あの作品はタイトル通り「クッキング」がテーマであり食生活が中心なんです。実はかなりいろんな登場人物たちが恋愛もするんです。恋愛するし、子供も産むんですけれど、それがお話の中心じゃないんです。

話を戻しますけれども、おおひなたさんのやつは、その両方を備えていて、佐藤さんが最後に言われた共食、食べものや食卓を共にするという意味では、みふゆとジロちゃんが共食するのにストレスなく過ごせる日が来るかどうかは、二人が本当に一緒に生活する、つまり結婚を決意するのかどうかに重なっていて、ドキドキするわけです。

佐藤　実は昨日の久保さんからの質問なんですが、彼は非常に不満を覚えているらしくて。つまり主観というものと客観というものの対立がすごく面白くて、訳が分からなくて面白いのに、それが最新巻でマナー教室に通うとは何たることだと、それをどう思っているのかを聞いてみてくれみたいなことを言うから……。

吉村　かなり厳しい。

佐藤　相当好きらしくて……。

おおひなた　主人公が少しずつ成長しているということなんですよね。ちゃんと受け入れなきゃいけない。二郎はみふゆと結婚を意識するようになって……。

佐藤　結婚を意識するようになってマナー教室に通う、箸の持ち方とかね。

＊32　よしながふみによる料理漫画作品。『モーニング』（講談社）にて、二〇〇七年十二号から月に一度のペースで連載中。二〇一九年にテレビ東京系「ドラマ24」でテレビドラマが放送された。(wikipedia)

おおひなた　そうです。ちゃんと子供の親になるということは、お手本にならなきゃいけないという部分もあるので、きちんとした人間にならなきゃいけないというふうに考え方もシフトしていくんですね。それでマナー教室に行って、配膳、ご飯はなぜ左に置くのか、なぜみそ汁は右に置くのかというところから、その疑問をまず解くために通うというシーンなんです。

吉村　実際の体験と重ねているというお話を聞くと、また伺いたくなるんですけども、おおひなた家はお子さんへの食育とかはどうなっているんですか。

おおひなた　結構厳しく言っているんですよ。まず姿勢から、いつもこんな感じで、前の椅子に足を乗せながら、こんなことをして食べる。

吉村　ふんぞり返っている。

おおひなた　はい。まずお尻をちゃんと引いて、姿勢を正して食べろと。そこから始まって、あとはおかずをすごく長い距離で持ってくるので、皿で受け止めに行けと。そういうところから、かなり注意しているんですけれども、全然直らないですね。

吉村　その辺りをお話と重ねると、ジロちゃんとみふゆの差みたいに、おおひなたさんと奥さんとの差もあるんじゃないですか。そこはどういうふうに折り合いをつけているんですか。

おおひなた　食育面では、作法については同じ考えなんですけれども、うちの嫁は、いつも出す料理が多いんですね。それで、うちの子もちょっと肥満気味になりつつあって、うちの嫁も「動かないからだ」とか言うんですけれども、「いや、明らかに料理を出し過ぎだぞ、そこから変えていかないとたぶん無理だよ」と。

吉村　それは言葉で伝えるわけですか。

おおひなた　もう何度も言っているんですけれども、直らないので、諦めました。

吉村　ジロちゃんじゃないですけれども、諦めていいんですか。

おおひなた　でも何か大げんかしたときにそれを出して、そのたびに改善させようとは頑張ります。

マンガで食を描くこと

佐藤　もう一回、吉村さんの提言の食べることと読むこと、味読というのをうまいこと使っておられるんだけれども、そこに関して、もう少し話ししていきたい。食を描くときに、もちろんおいしそうに描くか、あまりおいしそうじゃないかみたいな話もあると思います。当然、写真のトレースや、写真のコンピューター加工がいきなりぽんと出てきて、すごく違和感があるマンガもあります。

あともう一つは、今でも味わって読むときを考えるなら、目で味わうときはすごく線のクオリティが強烈のような気がするんですよ。実際のクオリティとして、ジロちゃんは相当強烈な顔をしていると思うんですけれども、一般的な食マンガは、とは言い切れないけれども、あまり線が主張していないような気がするんですよね。その辺りの目で味わうことと味わうものを描くことの差みたいなのを、これはどっちかというと、まず吉村さんから。

吉村　それについては、先ほどは「生」と「性」と言いましたが、「食」と「性」に置きかえてみると（この場合の「性」はセックスのほうですが）、分かりやすくなると思います。おいしそうだなと思うマンガといやらしいなと思うマンガ、または反対に、全然おいしそうじゃないなと思うのと全然エロっぽくないなというマンガを考えるときに、実は通じるものがあるんです。

なぜかというと、米沢嘉博さんという長らくコミケの代表も務められたマンガ評論家の方が書かれているんですが、マンガを読むという行為は、一瞬にしてそこに描かれている線を目でなぞる行為と等しいというわけです。僕もまさしくそうだろうと思います。そのマンガの描線を目でなぞる瞬間に、おいしそうだとかいやらしいとか、あるいは気持ちが悪いとか怖いというのが感情として湧き起こるんですけれども、この感覚って、その日のコンディションとかいろんな状況や、時代によっても変わるんですね。

先ほどのランプがもみじさんを食べたシーンを皆さんがどう思うのかというのも、一つの実験なんですよ。あそこに、ものすごく想像力を働かせて、とても刺激的なものとして読むのか。あるいは、人間の描線の見え方というか絵の感じ方は当然時代によって変わるという意味では、手塚の時代に描かれている裸体みたいなものを見ても、現在では何もいやらしいとか感じないでしょう。でも、あの当時、それはものすごく破廉恥だったわけですよ。詳しくは悪書追放運動なんかを振り返れば分かるんですが、女性の太ももを強調して描くとか、ちょっとしたキスシーンを描くだけで、そのマンガは悪書だとやり玉に挙げられるような時代だったわけですね。

そう考えると、あまりみんなは気にされていないようですが、さっき僕は「食マンガとエロマンガとは似ている」と言いましたが、食マンガをそういう目線で研究してみるのは、第1セッションで檜垣さんが話されたカニバリズムの問題、あるいはもっと広い意味での「生」に（この場合は生きるほうですが）、マンガが関わる影響力を持っていることになるようにも思います。もちろん、線の力だけに限らないのでしょうけれども、いろんな力と関わらせながら分析できる視点だと思います。

佐藤　このセッションの打ち合わせをしたときに、おおひなたさんがどのように食べ物を描いていくのかというような話で結構盛り上がって、まず僕がすごく大きな誤解をしていたのが、いまだにマンガは大きな部屋にみんなで集まって、アシスタントさんが並んで、仕事しているものと思っていたら、どうも全然違うらしい。

おおひなた　今はアシスタントが三人いるんですが、全員在宅アシスタントで、家に来てもらってやるというスタイルではなくて、データを送信してやりとりするという形です。だから長年やってもらっていますが、一度も会ったことがないというアシスタントもいます。料理は、大半はアシスタントに任せて描いてもらっています。

吉村　それは料理のほうですね。食べる行為そのものは……。

おおひなた　それは僕が描きます。

吉村　そこの描き分けは、ある程度物理的に見たままを描けばいいのと、感情を込めて描かなきゃいけない差だったりするわけですか。

おおひなた　食べるシーンというのは、例えば箸に載っかっている料理食材なので、そこまでしっかり描かなくてもいいというのがある。そこは僕が描きますけれども、今回の食材はこういうやつだ、ドーンと表紙に出てくるようなものはアシスタントに描いてもらっているという感じです。

吉村　グルメマンガなので、当然といえば当然なんですけれども、皆さんは料理を描くところに相当時間がかかると言うんですよね。これは『クッキングパパ』と『美味しんぼ』の違いがすぐ分かるポイントなんですけれども、『美味しんぼ』は雁屋さんのこだわりもあって、写真と同じようにちゃんと描くというのが『美味しんぼ』の特徴なんです。一方の『クッキングパパ』は、料理が並ぶ場面でも、例えば、湯気を描いて時間の経過を表現したり、擬音語や擬態語で料理の匂いなどをできるだけ伝えようとしたりするのが、こだわりなんですよ。ウニ丼だったら「ウニー」と書いてあるんです。『美味しんぼ』には絶対に「ウニー」なんか出てきません。単純ですが、マンガの表現方法として、これはかなり決定的な違いなんですよ。

おおひなた　わりと『美味しんぼ』の料理はすぐ食べられるというものでもないですしね。

吉村　そうです。だから情報として、きちんと写真と同じようなものを見せていくという密度の絵になります。それと、山岡さんたち登場人物の描線はものすごく単調というか写実的に描かれる料理とは逆で、引き算的な線じゃないですか。それも重要です。

おおひなた　Ｂ級グルメを取り上げているグルメマンガは、いかにおいしそうに描くか。これを読んで食べたいなと思わせられるかというところがポイントなので、きっとそういう擬音とか湯気とか油の照りとかシズル感みたいなのが結構重要になってくると思いますね。

佐藤　『美味しんぼ』は、おいしそうだと思ったことがあまりないなという、でもそれは、あえてそういうようなことなんでしょうね。

吉村　あれは、どっちかといったら目で見る食材のおいしさを喚起するというよりも情報ですよね。だから食べ方とかには影響している。だって『美味しんぼ』のおかげで、わさびをしょうゆで溶く人がぐっと減った。

佐藤　それは減ったね。

吉村　もしかしたら『目玉焼きの黄身』だってそういう影響を与えているかもしれないですよね。

おおひなた　そうですね。

佐藤　いやらしい話だけど、『クッキングパパ』と『美味しんぼ』は二大巨頭だけれども、実際はどっちが、やっぱり『美味しんぼ』が売れているんですかね。

おおひなた　単行本は『クッキングパパ』のほうが……。

吉村 爆発的に一回、一時売れたのは『美味しんぼ』です。息が長いのと、これは関係者に聞いたんですけれども、古本屋さんに出る率が少ないのは『クッキングパパ』のほうです。

佐藤 レシピを残しておきたい。

おおひなた 持っておきたい。

おおひなた あと、食べるシーンに関していうと、僕は食べるシーンを描くのがあまり好きじゃなくて。というのも、食べる行為を描くシーンというのは単調なんですね。結局、ほとんどがバストアップだったり、箸で持ち上げて口に入れるシーンであったり、食べているところを描くのが一番面倒くさいですね。

吉村 例えばこの辺ですね。カレーの半掛けか、全掛けかみたいな話のところがありました。

佐藤 半掛け、全掛け、昨日も出ていましたね。

おおひなた 僕のマンガはあまり食べ物がおいしそうじゃないとか、結構そういう言われ方をするんですが、食べるシーンにあまり執着がないからかもしれないですね。

吉村 それは見たら分かるんですけれども、とにかく表情に圧があります。

佐藤 さっきの「おまえ、バカか?」もすごかったです。

おおひなた そういうのを描いているときは楽しいんです。

吉村 これがどんどん本人にしか見えなくなっていく。「白いご飯は逃げ場」とかも名言だという話がありますね。

佐藤 ここまで来たところで、「どくフラワーの踊り」[*33]が出てくる落差というのがね。

おおひなた そうですね。その辺のギャップは意識しながらやっていますね。

吉村 おいしそうに見せるかどうかという話で、今のカレーつながりでいきますけれども、この本

＊33 主人公がスーツアクターとして入っているキャラクターの名前。

は今日、名古屋駅で買ったんです。これはカレー特集ですよ。これは、もともと『思い出食堂』という少年画報社から出ている単行本の特別編です。あえて言いますが、ここに掲載している方々には、まだマンガ家として知名度が低い方も少なくないですが、でもこうした媒体で重宝されているマンガ家がかなり増えてきているんですよ。

ぱっと見ると、そんなにおいしそうかどうかというのは分からないですけれども、情報量が半端ないですよね。かなり地方の食なんかにも注目していて、いろんなものを紹介してくれる。別にカレーを夜に食べたいわけじゃないけれども、夜中にコンビニでビールとつまみとこの本を買って帰る、みたいな人たちが増えているんです。まあ、このマンガをつまんでいるんですよ。

佐藤　つまみ。

吉村　その辺の買い方がさっき言った、マンガを味わうみたいなところと、コンビニでなぜこういうのが売れるかということにも繋がってきます。この本を普通に書店で売ったんでは、きっとコンビニほどには売れないと思います。

佐藤　コンビニのメインが食材、食べることに関するものである。それと、吉村さんという人が非常に面白いのは、本人自身がオタクじゃない唯一のマンガ研究者かもしれないですね。

吉村　いやいや、唯一じゃないと思いますけれども、オタクではないというか、オタクになりたくてもなれないんです。

佐藤　あともう一つは、吉村さんがただのコンビニマンガであるとかラーメン屋に置いてあるマンガ、そういったマンガの受容というものに非常に興味を持っている。マンガを解釈する、読み解くことというよりは、そういうふうにカジュアルにほとんどの人間がやっていくやり方ということ、だからコンビニマンガに関して非常にこだわるのはその辺りなんですね。

吉村　そうですね。これは、さっきのうえやまとちさん（『クッキングパパ』の作家）がB－1グルメのグランプリに行ったときのマンガを描いているんですが、さっきの「ウニー」じゃないですけれども、湯気が「ふわふわー」と出ている。これ自体はかなり写実的なんですけれども、そこにマンガ的なものを入れたりするんです。

佐藤　卵ふわふわで、ふわふわーね。

吉村　たくさんの卵ふわふわで、これもよく見たら分かるんですけれども、湯気も全部描くんですよね。それを描くか、描かないかの差も大きいです。

ただ、コンビニマンガというか、大人マンガの食というのは、『味平』とかの系譜にあるんですよ。大人なんだけれども、ものすごいアクションとかを入れます。これはビッグ錠先生の作品です。あと、これは『食の軍師』ですね。泉さん、いまでもこんなこと（前掲「夜行」や『ダンドリくん』のようなこと）をやっていますね。

佐藤　やっているんだ。

吉村　はい。あと、この作品（榊美鈴『絶品！名古屋メシ』）もすごいんですよ。いろんな地方食を特集しているんですが、今回はやはり名古屋を意識して持ってきたんですけれど、この回で「リスペクト食」として載っているのは豊橋カレーうどんです。

佐藤　これは全部、名古屋めしを扱っているんですか。

吉村　全部、名古屋めしを追っ掛けています。

おおひなた　名古屋に特化したグルメマンガ。

吉村　あるんですよ。「名古屋、名古屋」と言うけれども、実はこういうところにも、ちゃんとあるんですよと。豊橋カレーうどんを僕は食べたことがないですけれども、これはカレーうどんといっても、うどんを食べていたら、そのあとにご飯が出てくるんでしょう？　よく分かりませんけれども。

吉村　カレーとうどんとご飯が。

おおひなた　見たことがあるな。

吉村　そういう情報もありつつ、これを食べたら全然おなかが減らないので、予定とは違うものを食べに行くんですけれども、それもまたすごいメニューだったというお話で、結局のところ名古屋はすごいとなるわけです。

味のレポートもあるし、ちょっとしたうんちくもあるし、自分が行ったことのない場所にちょっとした旅行に行った気持ちになるみたいで、かなり重宝されているようです。

おおひなた　今はわりと店名が実名で描かれることが多いですよね。

吉村　それは、むしろ喜ばれるところですね。

おおひなた　だからガイドブックの役割も果たしているんです。

吉村　そうです。

佐藤　こういうので本当はもう少し広げていくと、食の表象ということを考える場合、小説も非常に重要で、僕自身は、開高健の『新しい天体』[*34]という小説。通産省の役人が景気調査と称して残った予算を食いつぶすという物語で、そこで松阪牛から、岡山の白桃から、大阪のどて焼きから、東京のホルモンまで出てくるというのを思い出したりするんだけれども、現在、食の表象ということを考えるとき、マンガを一つの出発点としてみると面白いのかなと思います。

吉村　たぶんそうした影響が回ってくると、こういうグルメマンガというか、コンビニマンガを読みながら、今度は実際に食べに行く人たちが増えるんですよ。だから、ある種の共同体として、さ

＊34
開高健『新しい天体』新潮社、一九七六年。

っきの共食みたいな話をすると、「共味読」している読者が別の食やお店を広げていく人たちになっていくんですよ。

おおひなた　グルメマンガを読んで料理人になりましたという人は、いるんですか。

吉村　出てくると思いますよ。

佐藤　『味いちもんめ』[*35]を読んで、なったという人は、いるかな。

吉村　『味いちもんめ』はいますね。

おおひなた　あれを読むと、ちょっと修業をしたくなりますよね。

佐藤　『味いちもんめ』は料理マンガかという問題もあって。

吉村　あれはお店に置いてある。あのマンガはすごくサラリーマンが好きなんですよね。あれはビジネスマンガとしても読まれているんですよ。

おおひなた　あれは料理人マンガですね。

吉村　あれで、どうやってリーダーとしての資質を育てるかとか、いかに接客業の心得が大切かとか、いろんな読み方をされるんです。あの作品は『ビッグコミックスペリオール』掲載なので、サラリーマンマンガというか、料理マンガの主な読者はサラリーマンというのは間違いないですね。

*35　原作：あべ善太、作画：倉田よしみによる、板前と料亭を題材にした料理・グルメ漫画。（wikipedia）

質疑応答

佐藤　そろそろフロアのほうからもご質問を受けて、全体的なディスカッションに移っていきたいと思います。一五分ありますので、結構いろんなご意見を伺うことができるかなと思います。いかがでしょうか。所属とお名前をおっしゃってからお話しください。じゃ、そちらから。

質問者Ａ　無所属というか、一般の者なんです。おおひなた先生に伺いたいんですけれども、『フェイスガード虜』[*36]の頃から読んでいます。

おおひなた　誰も知らない名前を出していただきました。

Ａ　つまり、そういう話から振ったのは、『目玉焼きの黄身 いつつぶす？』を読んで、すごくびっくりしたんですね。最初、気づかずに読んで、作者の名前を見たら「おおひなたごう」と書いてあって、二度見するくらい、本当かなと思って。最近、すごく意外な人が食マンガを描いているというような印象を受けます。食マンガと言っていいか分からない、例えば清野とおるさんが……。

吉村　『こだわり』。

Ａ　『その「おこだわり」、俺にもくれよ‼』[*37]。

吉村　『ゴハンスキー』[*38]。

Ａ　あと、さっきの性と食の話でいえば『不倫食堂』[*39]とか、ダイレクトにすごく性と食をぶつける。それも何であの人が、山口譲司先生が食べ物のことを描くんだろうと、すごくびっくりした印象があって、そういうのがここ数年、私のイメージなんですけれども、続いていて。今まで全然グルメマンガを描くみたいなイメージがなかったマンガ家の方が描き始めているということについて、何かお考えというか……。

おおひなた　わりとそういう人たちは中堅どころが多くて、ピークを過ぎた作家が……。

吉村　そんなこと言っていいんですか。

おおひなた　飽きられてしまって、行き詰まって、ネームが何を描いても通らないというときに手を出すのがグルメマンガか育児マンガということに……。

吉村　言っちゃいましたね。

＊36
おおひなたごうの作品。『週刊少年チャンピオン』（秋田書店）にて、二〇〇二年から二〇〇五年まで連載。

＊37
清野とおる『その「おこだわり」、俺にもくれよ‼』は、二〇一四年に『モーニング』に掲載され、二〇一五年から『月刊モーニングtwo』（講談社）に連載されているマンガ。

＊38
清野とおるによる食マンガ、扶桑社刊。

＊39
山口譲司による漫画。『グランドジャンプ』にて、二〇一六年から連載中。出張先の郷土料理の食べ歩きが趣味な主人公が、現地で出会った人妻と肌を重ねる姿を描く。（wikipedia）

佐藤　再生産とも関わってくるものかもしれないですね。
おおひなた　最近だと、うすた京介君が『フードファイタータベル』[*40]という大食いマンガを描いたり。うすた君までこっちに来てしまったのかと僕は驚いた。やはり読者から求められているジャンルなので、取りあえずそこで、また復活したいとか、もう一本ヒットを狙いたいという意識がきっと、僕もそうなんですね。その意識でやっているところがあって。おそらく、みんなそんな感じでやっているんじゃないかなと思います。
佐藤　ほかにもいろんなジャンルのマンガがあるわけだけれども、そこでグルメというのは？
吉村　グルメマンガは、今、間違いなく稼ぎ頭ですよ。
おおひなた　そうですね。
吉村　少年マンガでもどんどん増えていますからね。
佐藤　パチスロマンガはないですか。
吉村　相変わらずマイナーですよ。
佐藤　今度出る『賭博の記号論』では吉村さんのパチスロマンガ論がついに出ますので、それもお楽しみください。[*41]よろしいでしょうか。
A　ありがとうございました。すごくミーハーなことを聞いて。
佐藤　いえいえ、ありがとうございます。
水島　東海大学の水島です。吉村さんとおおひなたさん、それぞれにお聞きしたいことがあります。食と性の話なんですが。
　手塚さんの『ジャングル大帝』も、結構食に関する問題を抱えています。レオの父親のパンジャは、人間の家畜を狙い、それで殺されてしまう。でもレオは人間の生活に入っていきますよね。途

＊40
うすた京介によるギャグ漫画。集英社のウェブコミック配信サイト『少年ジャンプ＋』にて、二〇一五年から二〇一八年まで毎週土曜日更新で連載された。（wikipedia）

＊41
吉村和真「ギャンブルマンガのメディア論――『パニック7』という名のパチスロマンガが賭けたもの」日本記号学会編『賭博の記号論』叢書セミオトポス13、新曜社、二〇一八年、一一八―一四一頁。

中はしょりますけれども、最後は、レオは自分を食べさせるんですよね。そのときの相手はヒゲオヤジ、これをどう解釈したらいいのかというのを吉村さんに質問。

続いておおひなたさんへの質問ですが。おおひなたさんは、口に入れるコマがあまり得意じゃないと言われる。これを仮に吉村さんの説に乗っかると、口に入れる瞬間はセックスそのものだと解釈することもできるわけですよね。それが描きにくさみたいなものにどうつながっているのかをお聞きしたい。

吉村　今、お話がありました通り、手塚の作品は、かなり自分の身を切って食べさせるとか、先ほどの決定的な生殖行為に相当するような「食」のエピソードは、複数の作品に共通していると思います。『ブッダ』のなかでも、自分で創作した部分にウサギの有名なやつ[*42]が出てくる。

佐藤　ジャータカのね。

吉村　はい。これもベタな分析ですけれども、手塚が戦時中、結果的に何を一番マンガのなかで描いたかというのは、そのときに一番何を求めていたか、関心があったかみたいな話になったとすると、食べること、そして性、セックスのことが、素直にどっちも出てくるんだろうなと思います。

先ほどの『ロストワールド』なんかは、特に『ジャングル大帝』より以前に、中学生のときに描いているんですが、私家版を見れば分かるんですけれども、かなり血なまぐさいマンガなんです。訳あって途中で切腹してしまう隊員なんて、自分の腸とかを引きずり出して、敵にベシャッと投げたりもするんですよ。そういうところに、当時少年だった手塚の関心が表れていたのかもしれません。

時代背景を考えたときに、本当にいつ兵隊になって死ぬか分からないなかで描こうとする当時にあっては、ある意味で研ぎ澄まされた関心が、食べることや性のことに、さらには暴力もそうでし

＊42
老人を救うために身を投げ出すうさぎが描かれている。このうさぎは、仏陀の前世であるとされている。https://tezukaosamu.net/special/buddha/episode.html

ょうが、かなり表れていると思います。それをどう抑制したり表現したりするかといったなかで生まれてきたのが、あの「女性を食べる」場面だったのではないかと思います。たしかに『ジャングル大帝』にも通じていると言えますし。

水島　ただ、相手がヒゲオヤジになると性的な関係というよりも、どっちかというと社会的関係ですよね。

吉村　そうです。あれ〔レオがみずからをヒゲオヤジに食べさせようとする行為〕は自己犠牲ですね。

水島　自己犠牲という意味と受けとめられますか。

吉村　それは多いです。『アトム』にしてもそうですけれども、最後には身を挺して相手を守るとか、生かすみたいなことは手塚作品には多いです。

佐藤　昨日も『アンパンマン』の話が出ましたが、『アンパンマン』でも特に衝撃的なのは絵本ですよね。頭が欠けたまま帰っていく。

吉村　あれもやなせたかしさんが自分で言っていますけれども、結局は戦中の体験があそこにそのまま出ているみたいな話ですね。そこに戦争体験者としての共通点が存在するのかもしれませんし、それ〔自己犠牲を戦争体験〕だけに回収するのはどうかなとも思いますが、とにかく自分を相手に食べさせるというテーマが戦前の世代の人たちの作品のなかによく出てくることは事実だと思います。

おおひなた　じゃ、私から。食べるシーンが、先ほどは単調であるが故に描いていてつまらないというお話をしましたけれども、今の指摘を受けて、そうか、結構食べるシーンを描くのは恥ずかしいのかもと気づきました。実際に自分が食べているところを人に見られると、ちょっと恥ずかしかったりするんですね。僕と一緒に食事しに行く人は、僕から観察されているんじゃないかと思って食べにくいという。

佐藤　僕はすごく緊張しました。

おおひなた　ネタにされるんじゃないかなと。食べているときに人に見られることがすごく気になりだしてきて、そのシーンを描くときも、実は単調だからじゃなくて、少し照れが入っているから描きにくいのかなというのも感じました。

ただ、一回、そこを解放して、食べているシーンをエロく描こうと思って、ソフトクリームの回を描いたことがあって、ソフトクリームをなめるのか、かむのか、どっちなのかというので、一人の女性が三角形の一番上の部分をかんだあとになめて、もう一回三角形を作るという……。

吉村　めったにないですね。

おおひなた　そういうシーンを、なるべくエロく絵を描こうと思って描いたときはすごく楽しく描けたんですね。開き直ったときはすごく楽しく描けるんですね。やっぱり食事をしているシーンが書きづらいというのは、多少、そういうエロチックな面があるために描きにくいのかなと思いました。

吉村　ちょっとだけ言うと、その辺り、おおひなたさんのマンガにも出てきましたけれども、内田春菊さんはそれをストレートに言っていて、とてもあの方らしいんですが、「人に、セックスしているところよりも食べているところを見られるほうが恥ずかしいに決まっている」と言われるわけです。

おおひなた　そうですか。

吉村　だから、そうした要素は内田作品のあちこちに表れていますね。

佐藤　まだ時間はございます。どなたか。

阿部　愛知淑徳大学の阿部です。おおひなた先生に伺いたいことと、吉村先生に伺いことがあるんです。

おおひなた先生は、絵柄をすごく選択して描かれているマンガ家の方だという印象を持っているんですが、『目玉焼き』では、たぶんもっとも写実に近いほうに登場人物の絵柄を置いたと思うんです。あと、リアリティのラインが違うものを混ぜられるのはマンガのとてもいいところだと思うんです。だから料理のリアリティとキャラクターのさくらのリアリティが全然違っているマンガのほうが普通だと思うんです。そのなかで、かなり意識的に絵柄を選択されたと思うんですけれども、それによってできるようになったことと、できなくなったことがあると思うんです。たぶん、それは途中でおっしゃっていた、日常のなかでちょっと変なことをするだけで笑いになるというこども、そういうことについて答えていただいたことの一つだと思うんです。あらためて、今回の絵柄はどういうことだったのかというのをおおひなた先生の言葉で聞いてみたいなと思いました。

あと、吉村先生には、これは佐藤先生が最初のほうで出された初期のマンガと『アンパンマン』とかと併せてなんですけれども、おなかが減っていた時代があると思うんですね。戦争の記録という問題もあると思うんですけれども、『ドラえもん』とか『オバQ』とか『アンパンマン』、絵本にもそういう時代があると思うんです。おなかが減っているのはとても悲しくてつらいことで、そこに大きな卵焼きだったり、ラーメンだったり。そういうのを食べると、とても幸せになるよねという、子供たちがおなかをすかせていた時代に描かれていたマンガと、今はそうでなくなって随分久しいと思うんですけれども、情報を消費するのか何なのか分かりませんが、読者がおなかが減っているかどうかということをめぐって吉村先生的な系譜があったらお話を伺ってみたいなと思いました。

おおひなた　まず僕から。絵柄を選択しているということですけれども、確かに僕は、それ以前は本当に典型的なギャグマンガを二頭身とか三頭身ぐらいの感じで描いていたんですが、今回はグルメマンガを描くに当たって、やはりリアルな絵柄のほうがいいんだろうと思って。ただ、すぐに描けるようになったわけじゃなくて、それ以前にもほかの雑誌で不定期連載とかホラーマンガに挑戦してみたり、リアルなキャラクターを描く練習をしていたというわけでじゃないんですけれども、そこで培ったものをここで出してみたいというのがあった。

あとは、キャラクターは実在の人物をモデルにしているのもあるんですね。主人公の二郎は、俳優の田宮二郎をモデルにして描いているんですけれども、そういうふうに実在の人物像をモデルにしているというところから、ああいうリアルなタッチを選んだんですね。

あとは登場人物どうしが本当にくだらないことで、もめるんですけれども、くだらないことを、割と単純なくだらないギャグの絵で描いても、あまりギャップが出てこないというのもありまして、リアルに真面目な人間がくだらないことを考えているというところのギャップを出したいなと思って、あの絵柄を選択しました。

田宮丸二郎が着ぐるみアクターだという、そこもギャップを狙っているんですね。ああいう真面目そうな男が何をしたら、何の仕事をしたら、すごくギャップが出るだろうなというところで、着ぐるみアクターだったら面白そうだなとか。彼女のみふゆもお笑い芸人なんですね、実は。ただリアルに描けばいいというところじゃなくて、やはり僕らしさをそのなかでどうやって出すのかというところを考えたときに、変な職業に就かせるとか、そういうところで僕らしさを出せればいいなと思って、あえて変な職業に就かせているところがありますね。

それによってストーリー重視の作品になってきたのも、その絵柄を選択しているからなのかなと思います。あれがもしギャグの絵でやっていたら、一話完結のものになっていた可能性があります。

佐藤 やっぱりそれは食を描くということの出発点で、それが全部につながっていっている。

おおひなた そうですね。僕は、きちんとしたストーリー物を描いてみたいという願望がずっとありまして、田宮二郎をモデルにしたのも、山田太一の『高原へいらっしゃい』[*43]の田宮二郎なんですね。山田太一が僕は大好きで、ああいう世界観を何とか、ああいう人間ドラマをマンガでいつか描いてみたいという思いがずっとあったので、今はそういう物語が僕なりに描けているのかなと感じているところがあって、そこはあの絵柄を選んで正解だったなという気がします。

吉村 残り時間のこともあるので、手短になりますが、空腹の時代と飽食の時代の料理とか食べ物がどう変わるかというお話だと思うんです。すごく示唆に富んでいる質問だと思いました。というのは、今日の僕の発表は『グルメ漫画50年史』とそれ以前のマンガとを分けているわけです。結論を先にいうと、『グルメ漫画50年史』で紹介されているマンガは飽食の時代の食マンガのような気がします。

佐藤 つまり、先ほど僕が出した一九七〇年の望月三起也以降ということですね。

吉村 そうです。それ以前のマンガにも、食べるシーンはたくさん出てくるんですよ。その行為や料理自体にスポットが当たっていないだけです。実は、もう一つの『マンガの食卓』のほう、南信長さんのほうに出てくるのは、『グルメ漫画50年史』以前の作品も結構あるんですよ。そして、それらは単純においしそうなんです。よく言われますけれども、『まんが道』に出てくる、藤子不二雄A先生が書く、「んぐんぐ」という飲むときの擬音語だったり、実際にトキワ荘で食べていたキ

＊43
一九七六年にＴＢＳ系で放送されたた、田宮二郎主演のテレビドラマ。

ャベツだけの料理だったりと、素材としては安くて特に美味しそうではないものでも、当時はみんながおなかを空かせていた時代なので、何気なく読んでいて非常に美味しそうなんです。それは「ラーメンの小池さん」なんかも同じかもしれません。空腹の時代と飽食の時代という区分は有効ですね。そういう意味では、飽食の時代が行き着いた先に、さっきのB級グルメのコンビニマンガというメディア環境のなかで消費している、「食とマンガ」の現在があるのかもしれないと思いました。

佐藤　よろしいでしょうか。それでは大体時間が参りました。お二人、非常に面白い話を本当にありがとうございました。

吉村　同じ大学にいても、こんな話はしませんからね。

佐藤　そう、なかなかね。

吉村　うれしいです。

佐藤　いい機会でした。でも、まだその次のセッションに臨んでいただいて、全体での討論もありますので、よろしくお願いいたします。では、お二人に拍手を。

第Ⅲ部

食の両義性

「ヘボ追い」から全体討論へ

秋庭史典

第Ⅲ部は、「はじめに」でも述べたように、本書の元になった日本記号学会第三八回大会でひとつのセッションを構成していたものである。それぞれについて、あらためて簡単に紹介しておく。

文化としての「ヘボ追い」

はじめは、山口伊生人《いおと》氏による「ヘボ追い」についての論考である。山口氏は、東京生まれの建築家・デザイナーでありながら、山野をかけめぐる「ヘボ追い」にとりつかれた若き研究者である。お読みいただければわかるとおり、「ヘボ」とはある種のスズメバチのことで、その巣を集団で追い捕獲するのが「ヘボ追い」である。当初わたしたちは、この「ヘボ追い」を昆虫食の文脈で捉えていた。というのも、「ヘボ追い」は、ハチを追い、巣を捕獲するだけでなく、そのなかにいる蜂の子を食すからである。しかし、山口氏の考えは少し違っていた。本書には収録されていないが、大会当日山口氏は、講演後の質疑応答のなかで、昆虫食について尋ねられ、次のように述べている。

山口　そうですね。今、昆虫食と呼ばれていてクローズアップされているのは、さっき言っていたような「食料不足にどう対応するか」という文脈においてですね。けれども、だいたいは粉にしたり、あるいはそのままでも、「これおいしいから食べてみようぜ」みたいなことでトライしたりすることが多いんですが、結局それだと、たぶん五年後ぐらいにすぐなくなっちゃうというか、何というか、文化としてまったく捉えられていないと思うんです。ただ栄養素として、機能として捉えられているので。それだと、たぶん、ほかにもそういう食べ物っていっぱいありますよね。そういうものと一緒に消えてなくなっちゃうような気がするので、それはそれでやりたい人はやればいいけど、僕はあまり関心がないというか、あんまりコミットしたくないなという気がします。

食糧危機を救うための機能食品としての昆虫食にではなく、「文化」としてのヘボ追いにこそ、関心があるというのだ。では、その文化がどういうものか、なぜそれが重要なのかについては、この後に掲載されている山口氏による論考をぜひお読みいただきたい。

ところでこのヘボ追いが、第Ⅰ部で論じられる家庭料理や、第Ⅱ部で論じられるマンガにおける食の表象と、どのような関係にあるのか、一見したところわかりにくいかもしれない。実際大会前に、それらの関係はさほど明らかではなかった。けれども、全体討論のなかで、意外なところから、その結びつきが明らかになっていったのである。その結びつきが明らかになる意外なきっかけとは、日本記号学会員で静岡大学名誉教授の外山知徳氏が、いまから五十年ほど前、田んぼのほとりで体験した「ある出来事」なのだが、この出来事がなんであり、それがどうヘボ追いを他のセッションでの議論と結びつけていったのか。ご関心のある方は、やはりこの後に掲載されている、全体討論をお読みいただければ、と思う。

全体討論の話題

全体討論は、大会初日の第1セッションから第二日目の第2、第3セッション全体を振り返り、各セッションでの議論をさらに深め、広げ、関連を発見し、まとめあげていくために行われたものである。全体討論の座長は、これもすでに「はじめに」で述べたように、横浜国立大学教授で、日本記号学会の前々会長である哲学者・美学者の室井尚会員にお願いした。室井氏の進行により、この大会を通じて議論された食をめぐるさまざまな両義性が明確化されていったが、それらのなかには、次のようなものがある。

料理を通じて自然の喰らい合いから離れるが最期には自然の喰らい合いに還っていくこと
身体から離れ言語化・情報化されるように見えながら常に身体へ再接続されていること
食の産業化・標準化ゆえに我が家の味が生まれること
共に食べることでそれまで隠されていた食の個別性が露わになること
食文化がある意味無根拠であるがゆえに共食者や作法の共有が求められること

より詳しくは全体討論をお読みいただくとして、そこに現れているキーワードのいくつかを抜き出してそれらの関連を考えるとどうなるだろうか。

もちろんこれは、実際の産業史や経済史などから得られるデータをふまえているわけではないし、科学的根拠があるわけではないので、ポンチ絵に過ぎない。解像度にもひどい粗密がある。一流シェフにつくってもらう超ゴージャスな個食だってあるだろうし、全体討論での吉岡洋氏の発言（「僕らはみんなアキバだ」）にしたがえば、個食なんてそもそもない、ということになる。コンビ

＊1 たとえば、ドミニク・チェン「メタ床——コミュニケーションと思考の発酵モデル」『ゲンロン』第一〇号、ゲンロン、二〇一九年、一三八—一五五頁。

ニめしも、みんなで食べれば共食だろう。

それでもこうした絵を描くことで、ベースにある身体や性が、そもそも言語、記号、テクノロジー、メディアといったものから切り離され得ないこと、テクノロジーやメディアが共食においても個食あるいは孤食においても、次々に新たな両義的形態を生み出していくこと、そしてその結果は否応なしに身体や性に再還流しそれらを変容させざるをえないこと、それらの原点には、「何かを殺して食べなければ生きられない」という事実があること。そんな様子をいくぶん見やすくすることはできる（誰かが本書の別の箇所でもっとわかりやすい図式化を行なっているかもしれないので、その場合はそちらを参照していただきたい）。AR、VRといった情報技術やバイオテクノロジーの進展により生まれた培養技術を用いてつくられる新しい食もまた、孤食や共食、それらとともにある家族のあり方、性のあり方、身体のあり方、死生観などを変えていくことだろう。近年あらためて盛んに議論されるようになってきた発酵文化論が、食だけでなく、ロボットやAI、ウェルビーイングといった領域に関わっているように。*1

全体討論には、さらにさまざまな話題が登場する。そのひとつに「アキバ問題」と呼ばれるものがあるが、これについては日本記号学会会長の前川修氏が巻頭言で触れているので、討論とあわせて参

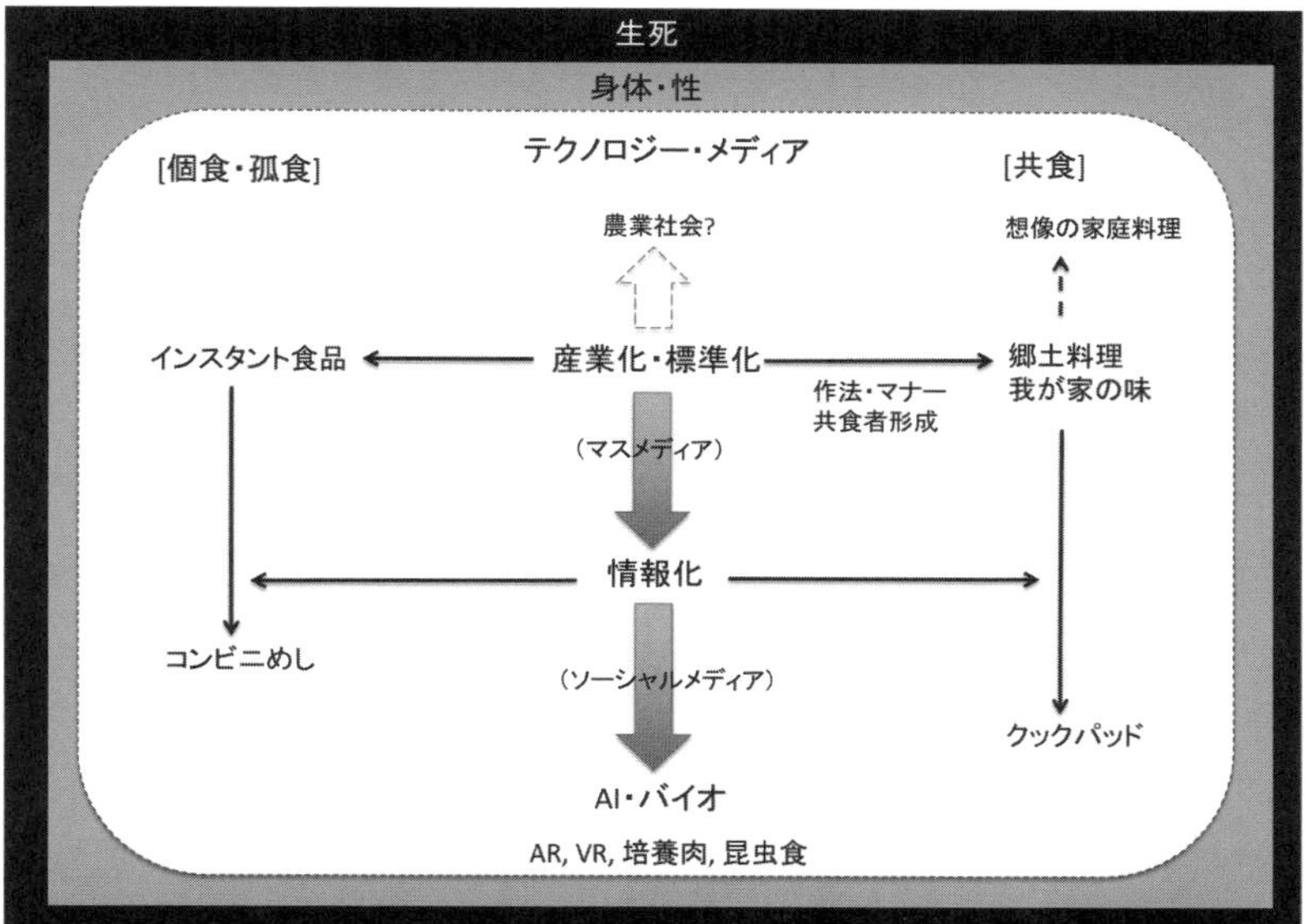

図　テクノロジーやメディアが生み出す食の両義性

照していただきたい。ここに出てくる「アキバ」とはわたしのことを指しているように見えるが、当人的には、毎晩仕事が遅くなりもはやコンビニしか開いていないのでそこで買い物を済ませているだけである。しかしそこには食をめぐる両義性の一端が顔をのぞかせているらしいのだ（したがってこれは単なる内輪ネタというわけではない）。それらもあわせて玩味いただければ、と思う。

なお、本書に収録されたテキストでは整文が行われているため、座長の室井氏がともすれば混乱に陥りがちな出席者の発言を制御・統括するさまや、逆に会場からの多様な意見を誘発するように常にリラックスしたムードを醸成し続けているさまが、いくぶん見えにくくなっているかもしれない。その点は、読者のみなさまに想像していただくよう、お願いしたい。

「ヘボ追い」ってなに？

山口伊生人《いおと》

はじめに

「ヘボ追い」とは何なのか？

おそらく多くの人が、それが何なのかご存知ないのではないだろうか。あるいは多少知っているとしても、それが具体的にどのようなものなのかまでは、知られていない、というのが、私がさまざまな場所で尋ねてみるなかで得た感想だ。

「ヘボ追い」とは、端的にいえば、ヘボと呼ばれている蜂の巣を探し出し、そのなかにいる蜂を採取し、食べる風習のことである。

ヘボは虫であり、虫を食べると聞くと、現在のたいていの人にとって、かなり抵抗を感じるものかもしれない。そしてヘボ追いを紹介するというと、昨今世界中で話題になっている昆虫食という新しい食（実際には全く新しくはない）を勧めるための活動だと考える人もおられるかもしれない。しかし、私はヘボ追いが昆虫食であることを特に強調するつもりはない。むしろヘボを食べることがいかに当然の成り行きであるかということは、最後までお読みいただければわかるであろう。

そして私が最も強調し、多くの方に知っていただきたいのは「ヘボ追い」の過程のなかに表れる

山口伊生人氏

その「創造性」である。

実は世の中にはへボ追い専用の道具は売っていない。つまり行程における一つ一つのプロセスにおいて、「へボ追う人たち」は自らそれらを作り出し、他の用途のものを転用し、改良し、時代の変化に合わせて変更して使っている。「へボ追い」は、テーマパークで乗り物を選択する遊びや専門店に行って高い専用の道具を買って行うものとは全く違う、人の創造性が如何なく発揮されている文化なのだ。

本稿では、「へボ追い」がどのようなものかを、「へボ追い」が培われてきた環境や、過程のなかの「創造性」の表れている点を示しながら説明する。そしてまとめでは、現代においてのその重要性について、なぜ私がへボ追いを皆さんに紹介したいと考えたのかということを交えて非常に簡単ではあるが論じる。

へボとは

へボとは、岐阜県東濃地方や愛知県尾張三河地方の中山間～山地部でのクロスズメバチ、シダグクロスズメバチの呼び名である。「へボ追い」においてはこれら二種を区別する場合しない場合がある。本稿ではそれらを総称して「クロスズメバチ」と呼ぶことにする。これらの蜂は日本各地で「スガレ」「ヂバチ」「ハイバチ」などと呼ばれている。

かれらは体長一〇～一八ミリほどで、全身が黒く、白または淡黄色の横縞が入っている。北海道、本州、四国、九州、奄美大島などほぼ全国に分布しており、攻撃性もそれほど高くない。畑地、土手、草原、雑木林などのやや乾燥した土地に多く生息し、山地に多く見られ、土中に営巣する。「ハチの子」と呼ばれる幼虫、サナギを主として、成虫も含めて食用

写真 1
シダグクロスズメバチの雄バチ。クロスズメバチとは頭の模様が若干異なるが、素人には見分けるのは非常に難しい。

とされている。働きバチ（メス）は、幼虫の餌となる小型の昆虫を捕獲し、巣に持ち帰り幼虫に与える。幼虫はその餌を栄養とする。成虫は幼虫からの吐き戻しを食べて自らの栄養としている（写真1、2、3）。

どこで

主に中部地方の一部で盛んに行われている。それらの地域には愛好会が数多くあり、毎年秋には地域ごとに育てたクロスズメバチの巣の大きさを競うコンテストが開かれ、多くの人が訪れている。

「ハチの子を食べる」という習慣が、日本のほぼ全国にあることは、明治以降の各種報告書や調査によって明らかになっている。このことと、クロスズメバチが日本列島の山地の全域に生息していること、そして日本の面積の六割が山地であることを考えれば、少なくとも偶然発見した巣を採取する習慣が全国的に存在していた可能性はある。つまり、現在でもやってみたいと思えばできる自然の環境はすでに整っていると言える。

また、愛好会は、全国地蜂連合会に所属している団体のことであり、それとは関係なく個人やグループによってヘボ追いが行われている可能性は充分ある。

本稿では、数あるコンテストの開催地で、愛好会もある地域の一つである、岐阜県中津川市付知町《つけち》を例に、「ヘボ追い」が行なわれている環境とはどのようなものなのかを具体的に明らかにしていく。

写真2
飼育されていた巣箱の中で成長した巣。写真に写っているのは外被で非常にもろい。外被は削り取った樹皮とハチが出す分泌液を練り合わせたもので作られる。巣の近くにある樹種の違いで色が異なるらしい。

写真3
上下をひっくり返し、外被を剥がされ内部が現れている状態の巣。六角形のハニカム構造の巣盤が何層にも重なる。その間は細い柱のようなパーツでつながっており、ビルのような構造になっている。また巣盤は基本的には各層ごとに異なる性別のハチが育てられており、各ハチの大きさが異なるため、六角形をしたハチの部屋（育房）の大きさが異なる。

環境

町の中心には岐阜県の名水五〇選にも選ばれている透き通った水質の付知川が南北に流れ、その両岸のわずかな平地に、田、畑、人家が集まっている。さらにその外側には広範に山林が広がっている（写真4）。

歴史

鎌倉時代初期以降に村落が徐々に形成されていったとされ、一三五七年には伊勢神宮遷宮材の伐り出しが行なわれていた記録がある。江戸時代からは、尾張藩の直轄領となり、飛騨街道の宿場町の一つとして栄えた長い歴史を持つ町だ。二〇〇五年に中津川市と合併。[*1]

産業

良質の木材の産地として知られていて、伊勢神宮の他にも、名古屋城、東京芝増上寺等の材木を提供してきた（現在の裏木曾国有林から）。建設業、木工業に関連した仕事をする町民は数多い。

人

現在は人口約五八〇〇人。人口減少と高齢化が進む地域だが、都心から付知に移住してきた若いご夫婦に伺ったところ、高齢者であっても年齢を感じさせないほど元気な人が多く、また近所づきあいが活発で暮らしやすいということだ。同姓の住人が多いせいか、下の名前で呼び合っている光景をよく見かける。また、このご夫婦の家にお邪魔した時、職場の方が季節の野菜などをおすそ分けしてくれたり、子供の遊び相手になってくれるなど親切にしてもらっているという。地域のコミ

写真4
付知町の中心を東側の山から見下ろす。川、平地、山が平行に並んでいるのがよくわかる。

＊1
「年表　付知のあゆみ」中津川市役所ホームページ
参考URL
http://www.city.nakatsugawa.gifu.jp/branch/tsukechi/tsukechi_nenpyo2.pdf
（参照二〇一九年十二月三日）

ユニティが機能している証拠だ。

いつ

シダクロスズメバチ、クロスズメバチはともに一年性、つまり一年で世代交代をする。ヘボ追いはその習性に合わせて毎年のいつの時期にどのようなことをするのかが決まっている。ただし、ヘボ追いには巣を採集する時期によって大まかに二つの方法がある。

A：初夏に小さい巣を採取し、持ち帰って育てて秋にハチの子を取る方法。

B：秋に天然の巣を取りに行く方法。

Aの場合は巣を大きくして量をたくさん採ることができるが、一方Bで採取される天然ものには養殖にはない香ばしさがあるそうだ。

どうやって

ここからはいよいよ「ヘボ追い」がどのように行われているのかを説明する。前述の通り大きく二通りの方法がある。この項ではAの方法を、全国地蜂連合会会長で付知町に住む高橋勝幸さんのヘボ追いの様子を例として紹介する。大事なことは、これ以降はあくまで参考例であって、マニュアルではないということだ。高橋さんのやり方以外にもヘボ追いの方法はたくさんある。それは「ヘボ追う人たち」が自分たちの論理で環境を読み、道具を作り、毎年それを進歩させているからだ。試してみようとする場合は、先人のやり方を参照しながらも、「ヘボ追い」のための自分の論理を組み立て、道具を作り、ヘボを追って、その醍醐味を感じて欲しい。それこそが「ヘボ追い」の大切な魅力の一つだ。

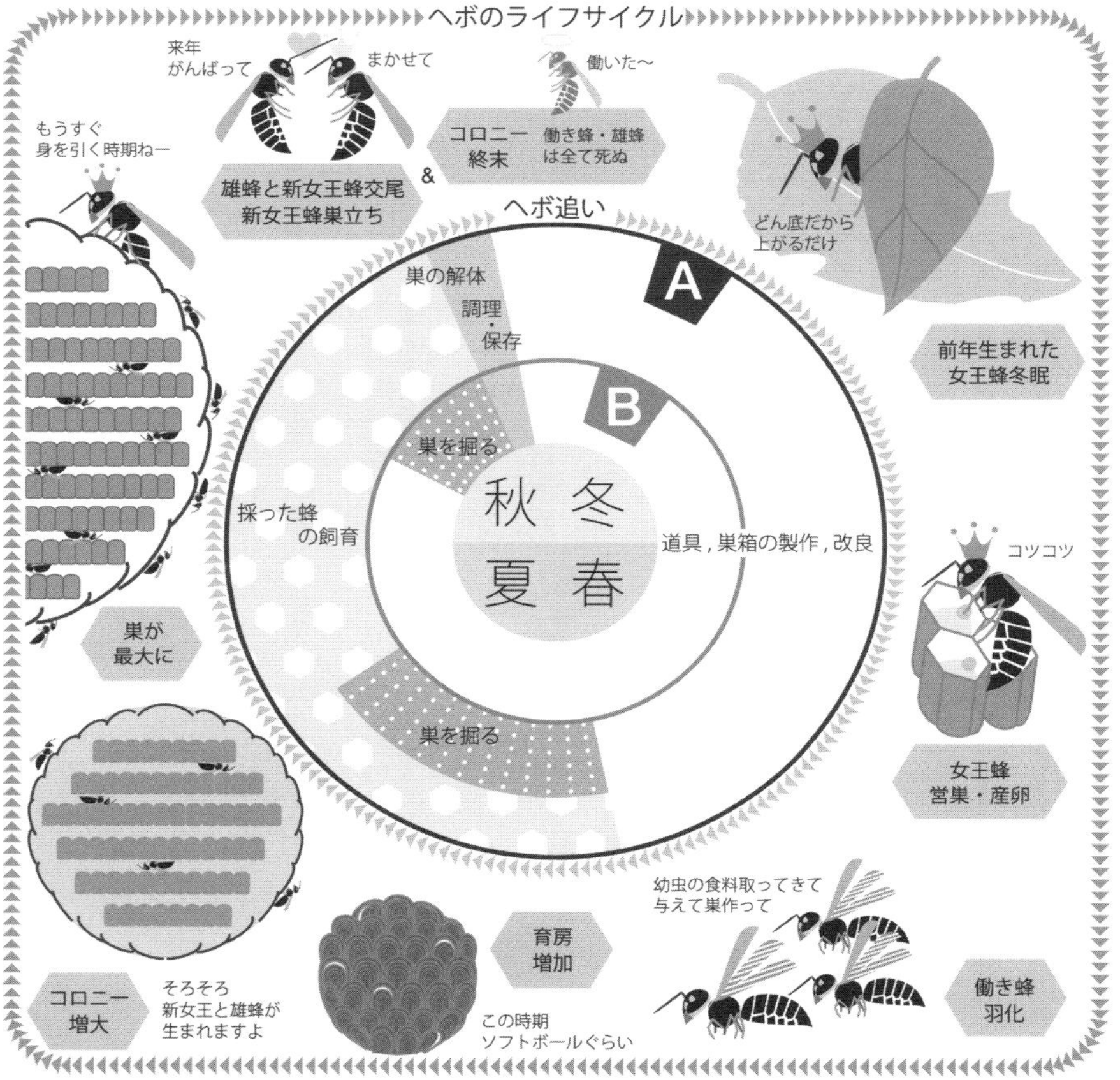

図　ヘボのライフサイクル

一．環境を読み、ヘボがいそうな場所を考える

ヘボの巣があるのはどこか。それも大きく育ったものは山のどの辺りにあるのか。ヘボを追う人たちは、例えば前年の雨はどこで多かったかなどの長期的な観測を含めた、その日までに雨が降った場所や量、山で咲いている花の咲き具合、前年までヘボが巣を作っていた場所、最近伐採された木々の場所、先輩の経験や仲間の話、などを参考に、より育っている巣、元気な蜂がいそうな山を決める。

巣の場所の見当をつけるために、自然を読み解き、自分なりの論理で因果関係を理解しようとする態度は、マニュアルを読んでマネするだけではできない創造的行為だ。

二．自ら論理を組み立て、ヘボを誘い出す（写真5）

天気、気温を確認した後、川魚のぶつ切りを五〇メートルから一〇〇メートルほどごとに撒き餌として木の枝に針金で吊るす。他の地域、人によってはイカの刺身や、カエルの皮をむいたものを使用している。ハチにとって目立つ高さ、ハチが来て長く滞在しそうな日陰、周りの樹種などを確認しながら、多い時には一〇〇本近くの撒き餌を行う場合もある。撒き餌を行った後はしばらく放っておき、それらを見回る。

ヘボを追う人たちは、数日前から、山のどの辺りが「ヘボ追い」を行う場所として最適なのかを決めている。これは「一」同様、彼ら自ら自然環境とハチの性質を読み解き、因果関係を組み立てようとする行為であり、その一部としての餌の違いは、時代や個人の解釈によって論理や変遷が異なっていることを示している。

写真5

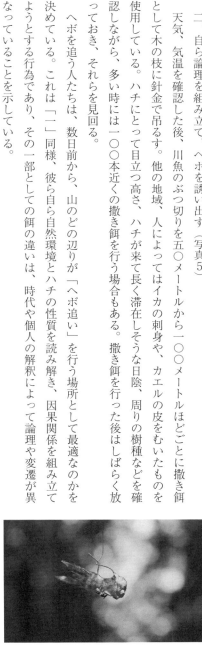

三．ハチの気持ちを想像しながらヘボに印を持たせる（写真６）

見回りで撒き餌をハチがかじった後や、寄ってきたハチを見つけると、そこに目印を結びつけた鶏の心臓をハチが持ちやすいように小さくし、印（白い帯のようなもの、チラと呼ばれている）のついた餌を差し出す。するとハチはそれを持ち、巣に持って帰ろうとする。巣に戻ったハチは餌を置き、再び撒き餌に戻ってくる。この往復は巣にいる幼虫に餌が十分に与えられるまで何度も行われるので、その間に印を持たせて巣を見つける。

印のついた餌を持たせるには、ヘボが持って行きやすいように飛んでいる時の印の動きを想像しながら位置を調整して渡す必要がある。飛びにくいと感じたヘボは、餌についた印を途中で噛み切ろうとすることもあるからだ。そして、持たせる餌のサイズ、乾燥具合などにも気をつける必要があるのだが、それもまた経験から導き出された人それぞれの答えがある。

四．印の形、色の工夫。身の回りのものに規定された機能を飛び越える（写真７）

持たせる餌につける印の色や形は、地域、人、時代などの違いでさまざまだ。基本的には追う時の見やすさ、ハチが持てるような軽さ、途中で噛み切られない丈夫さが考慮されている。またヘボを採る時期、つまり成長の度合いによっても大きさや形を変える。例えば大きめにすることでハチの飛ぶ高さを低くコントロールすることもあるという。そしてそれらは毎年大量に必要であり、かつ売られているものではないため、身近で安い素材を用いて作られている。

皆思い思いの印を周りの人たちと語り合いながら、そして本来他の機能を持つ道具を素材として捉え、想像を膨らませて最適だと思う形に作り変え、試行錯誤を繰り返して変化させてきた。

写真６

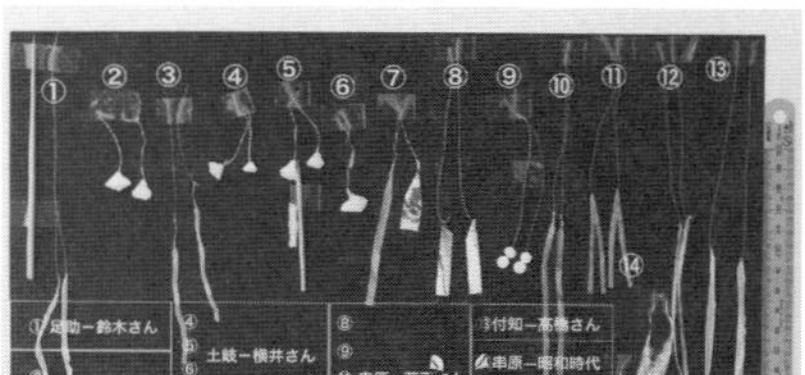

写真７

印は最初から機能の決まったものを選ぶのではない、創造性が最も顕著に表れている部分だ。

五．ハチを理解し、ヘボの巣を見つけだす

撒き餌に通うハチの飛ぶ方向を見ながら山の中を何度も走り、徐々に範囲を絞っていって巣の場所を探し出す。複数人の場合はトランシーバーを使用することもある。またストップウォッチで往復にかかる時間を測り、巣までの大まかな距離を推測することも。あまりに時間がかかるようならあきらめてハチが通う他の撒き餌を選ぶ。

ハチは一定の高さを保って巣に向かって飛んでいき、巣の上に来たところでスッと下りる。その性質を理解していなければ、いくら印をつけていても追うのは難しい。ハチが印をつけて木々の間を巣をめざしてゆらゆらと飛んでいくのを参加した皆で声を掛け合いながら追いかけるのは、最も集中力を必要とする場面だ。

六．繊細な巣を掘りだす（写真8）

巣を見つけたら、掘るための道具を用意し、巣の側《そば》でようやく防護服を着る。巣の周りの下草を刈り、少しずつ土をどけ、下草の根を切る。巣はかなり壊れやすいので、できる限り慎重に掘り進めていく。あたかも巣が土の上に転がっているように見えるぐらいに土を取り除くことができると、その後の作業がさらに楽になる。この間、掘っている人は働きバチの攻撃にずっとさらされているが、かれらは巣にとって貴重な働き手なので、殺してはならない。以前は昼間に見つけておいた巣をハチが大人しくなっている夜に掘るというやり方もあったが、山奥では難しく、現在は昼間に掘るのが主流だ。

写真８

現在は仲間が作っている防護服を着ているが、それが登場する前は雨合羽を着て、隙間をガムテープで覆い、網をかぶって掘っていた。また、掘る道具も専用のものはない。人それぞれが使いやすくかつ丁寧に掘ることができると思う様々な道具を流用する。そして良い道具は仲間に伝搬していく。

七．水平に運ぶ（写真9、10、11）

掘った後はできるだけ巣に直接触れないように慎重に、新聞紙でできた吊りバンドと呼ばれる道具に巣を乗せてから、吊りバンドの持ち手を持って、持ち運び用の巣箱に巣を入れる。この巣箱のサイズは持ち帰る巣の大きさによって変える。巣箱の中には針金が二本通っていて、その上に巣を乗せることで直接巣箱の底に触れさせないようになっている。

成長に影響が出るため、巣を傾けた状態で巣箱に入れることは厳禁だ。入れた後は水平になっているかどうかを確認し、傾いていれば巣箱に入れるときに調整する。持ち帰る時にずれないように竹ひごででかきたつっかえ棒を入れる。吊りバンドの中心に穴が空いているのは、巣が中心から下に向かって成長していくので、それを妨げないようにするためだ。

この行程でも、「無いものは作る」という精神が表れている。吊り

写真 9

写真 10

写真 11

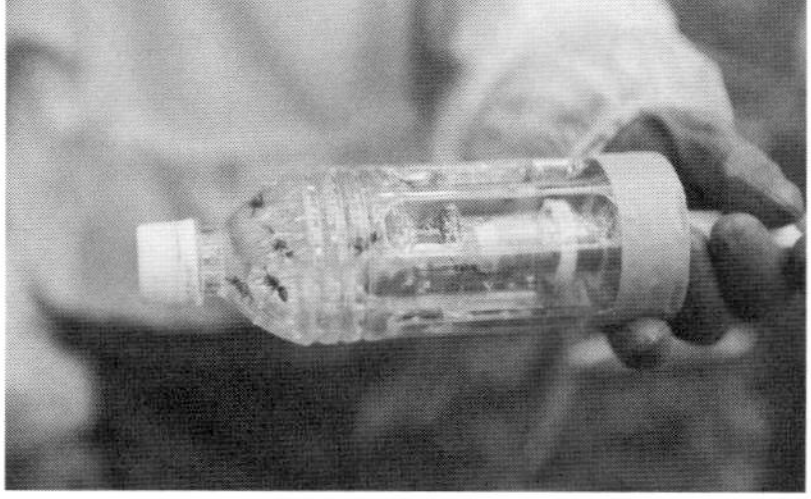

写真 12

バンドも巣箱も売ってなどいない。だから作る。そして毎年の経験から出る反省材料を元に、それらは少しずつ改良されていく。

八．ハチを持ち帰る（写真12）

小さな巣箱の蓋を開けたまま巣が元あった場所にしばらく置いておくと、出かけていたハチは巣の匂いのようなものに吸い寄せられるように中に入っていく。巣にハチが入るごとに地面を足で踏んで揺らすと、ハチは慎重になるせいか巣から出て行こうとしない。ハチの性質を理解し利用することで、できるだけ手間をかけずにハチを集めることができる。

しばらくしても入らない働きバチだけはできるだけ網で捕まえて、ペットボトルを改造した別の容器に入れて持ち帰る。巣と一緒に持ち帰ることで、巣の成長に貢献してもらう。この段階でも無い道具は作る。

この後、飼育用の巣箱に運ぶ際は、風呂敷に包み水平を保ちながら運ぶ。

九．ハチを育て、巣を大きくする。（写真13～16）

持ち運び用の巣箱の底を外すと、紙でできた内側の箱が現れる。これをこのまま飼育用の巣箱にセットする。ハチはこの紙を食い破り、巣箱の中で巣を大きくする。ハチは巣箱の出入り口から自分でも食料を取りに行くが、それに加えて人が餌を与えることで大きな巣を作る。

育てるための巣箱もまた他の道具同様既製品は存在しない。一つ一つが毎年改良を加えられながらヘボ追いを行う人の間で作られている。サイズ、形、高さ、材質、蟻の侵入を防ぐ方法、ハチの出入り口の大きさ、置く場所、向き、そして意匠、それらは人それぞれ、仲間内それぞれで

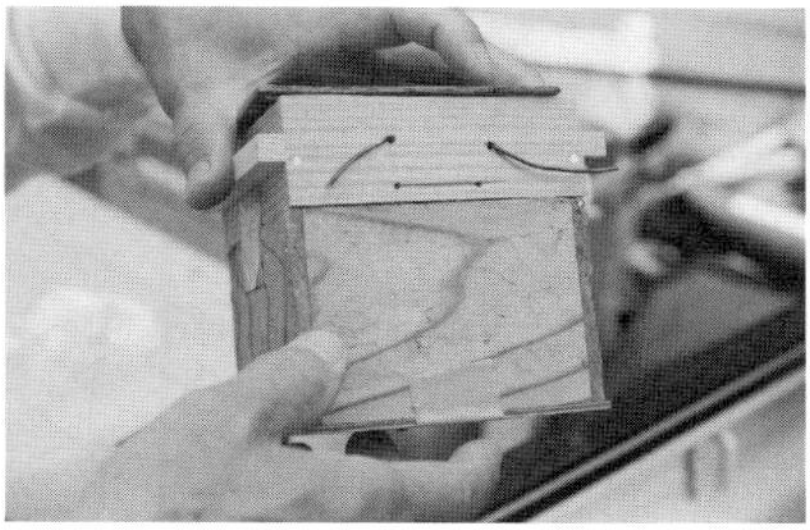

写真 13

写真 14

組み立てられた論理によって異なり、また地域ごと、時代の変化に合わせても変わってきた。

餌の種類、量、配合についても、伝えられてきたもの、時代によって変化してきたものがある。例えば肝ではなくミンチやイノシシ肉、小エビを与える方法、砂糖水の水と砂糖の割合を時期に応じて変化させる時のその度合いなどだ。人によっては、収穫期である十月一週目あたりからは鹿肉やささみなどのあっさりしたものを与える。そうすることでハチから肝の匂いがするのを防ぐことができると考えている。

「俺たちが若い頃（約三五年前）は、まだみんな家の庭で飼っていたし、田んぼの畔にも結構巣はあった。だけど当時農薬がやたらたくさん使われたせいか身近なところからハチがいなくなったんだ」。その頃から飼育は人里から離れた場所で行う人が増えていき、巣箱を置く小屋も、山のどこに置くのか、向きはどうか、動物に襲われない工夫はどうするのか、などを考える必要がでてきた。人々は常にその諸条件を克服するために創造性を発揮してきた。

ハチが増えているのか、餌は足りているか、他の虫や動物に襲われていないか、巣が巣箱の中で落ちていないか等々は巣の成長に影響を与えており、シーズン中はその確認のために毎日小屋に通う。そして十月後半から十一月前半にはヘボコンテストに出品するか、自分で巣をバラして、巣板の中のハチを抜いて調理する。もしその頃にオスのハチが巣から出ていれば、その巣は終わりに近づいていて、幼虫やさなぎがいなくなってしまうので、すぐに巣をバラす必要がある。目が離せないが、ヘボを追う人たちにとって楽しい時期でもある。

飼育する人たちは、毎年の経験と日々の観察を分析しすぐに対処する。そして個人や仲間内で組み立てた仮説を自ら検証していく。

写真 15

写真 16

「ハチが通ってる（餌を取りに行き戻ってくる）様子っていうのは、ずっと見ていてもなぜか全然飽きないんだよね」。今までの全ての行程での創意工夫の集大成を楽しんでいる。

どうやって食べる？（写真17、18）

ヘボの以前から続く調理方法は、材料である、みりん、しょうゆ、酒、砂糖を一緒に入れて煮るだけという、比較的シンプルなものだ。しかしだからこそ他の家庭料理同様、各家や地域で少しずつ異なる。例えば成虫になりかけのものを入れる割合や、生姜を入れるかどうかなどだ。瓶などで市販されているものより濃い味に仕上げる家庭は稀らしい。

ヘボ追いまとめ

以上が、「ヘボ追い」の詳細である。人々の創造性を理解いただけただろうか。

いかがだっただろうか。

まとめると、ヘボを追う人たちは、科学的根拠だけに頼ることなく、彼ら自らの論理を構築し、ヘボがいそうなエリアを特定し、ヘボが寄ってきそうな餌を選定し、寄ってきそうな場所に撒く。そして、寄ってきたヘボの動きを間近で観察しながら巣の大きさ、巣の中のヘボの数を想像しながら印を持たせる。その印は、地域、グループ、時代、季節ごとに、素材、形、大きさが変化してきている。印を持たせたヘボが巣に戻る時には、単に後を追うだけでなく、動きを観察し、巣の場所、巣の育ち具合を考える。

写真 17
ヘボの炊き込みご飯。ヘボの出汁がしみこんでいて美味しい。

写真 18
ヘボ五平餅。煮込んですりつぶしたヘボを醤油ベースのタレと混ぜて刷毛で竹串につけた炊いたご飯に塗って焼いたもの。香ばしく食べ応えもある。

そして壊れやすい巣を丁寧に持ち帰るため、他の用途の道具を転用し、あるいはこの過程でも自分たちで考案し製作した道具や巣箱を使用して持ち帰る。持ち帰った巣は、場所を丁寧に選んだ小屋の中の、毎年改良を加えて製作している巣箱に入れ、季節、巣の大きさ、ヘボの動きなどをこまめに観察しながら、種類、大きさ、量を調整した餌を与えて育て、秋にハチの数がピークになっている頃を見計らって収穫する。さらに、これらのプロセスでうまくいった方法は仲間のなかで伝搬し、次の年に受け継がれていく。「ヘボ追い」は、止まることなく時代に合わせ変化しつつ発展してきた創造性溢れる文化なのだ。

ヘボ追いとハチの子の位置づけ

次に、ヘボ追いとそれが目的としているハチの子を食べるということの位置づけ、重要性について個人的見解をお話しする。

ここで、ご覧になっていただきたいのは二枚の写真である。(写真19、20)一枚目が東京・渋谷のスクランブル交差点の写真、二枚目が前述した岐阜県中津川市付知町の写真だ。どのような違いがあるのか。大きな違いの一つは広告である。

渋谷には多くの広告看板、ディスプレイが溢れている。所狭しと、壁という壁に広告が掲げられ、街に来た人々にありとあらゆる商品やサービスの購入利用を勧める。

一方、付知町の写真はどうか。広告はほとんど見られない。あってもそこにある商店の店先のものばかりだ。

東京生まれ東京育ちの私は、この違いを全身で感じたといっても大げさでない。東京にいる時には気づかなかった購買圧力、消費者でいることを求められている自分自身、付知町に滞在中、また付知町から東京に来た時に感じるそれは、私の意識をかなり大きく変化させた。

　また、店舗についても違いがある。渋谷では多くの店があり、それが二十時まで、飲食店であれば深夜まで営業している。しかし付知ではほとんど数のない商店が夕方に閉まる。飲食店でも二十時に閉まるところもある。生活様式の明らかな違いを表している。

　「ヘボ追い」が創造性溢れる文化であることを前述のように主張した。私はこのような環境の違いに、それが成立してきている理由が表れていると考えている。つまり付知町では、渋谷のような都市で成立している行動「ないものは買う」は成立してこなかった。その代わり「ないものは作る」という意識・行動が継続してきた。だから道具が売っていなくても「ヘボ追い」が成立してきたのではないだろうか。そしてこのような環境こそが本当に創造的、現代の言葉でいえばクリエイティヴな行為を生み出すのではないだろうか。残念ながら、都市への人口流出とともに「ヘボ追い」をする若い人の数は減っている。つまり大型ショッピングモールや、都市の商業施設で、どこにでもあるチェーンの店舗で他人が作った流行のもののなかで自分の趣向を合わせながら買うという行為に時間を費やす人々が増えている。

　私は、人の多様性の担保と、問題や環境に対して自ら対応していく力を身に付けることの重要性を考えると、付知町のような創造性を必要とする環境と、発揮する行為が失われてしまうことが人間にとっての損失であると考え、「ヘボ追い」が続いていくこと、広まっていくことの重要性を本稿において主張する。

　次に、「食べ物」としての蜂の子の位置づけ、重要性についても主張したい。

　都市に住む私にとって「食べ物」とは、スーパーマーケットの食品売り場に売っているものや、飲食店のメニューに載っているものだ。食材を買いに行くのは食品売り場であり、飲食店

写真 19

写真 20

だ。逆にいえば食品売り場に売っていないもの、メニューに載っていないものは「食べ物」ではない。

一方付知町にはそのようなコードはない。付知町で私がお世話になっていた時期、私はいろいろなものを食べさせていただいた。もちろんスーパーで買ったものもある。しかしそれ以外のルートで食卓にのせられるものがたくさんあった。市場にはでてこない地元の人が美味しいと言って食べるきのこ、さっき山で採ってきたという時季の果物、冬の間に獲った野生動物の肉、家の畑で採った野菜、山に入ったときにたまたま見つけた生き物や植物。それらが日常のテーブルに置かれているのだ。

付知町の人たちにとって、その地域で昔から誰かが食べられるもの、美味しいものとして認識してきたものが「食べ物」であり、ハチの子は虫といえども、地元の人にとってそのなかの一つでしかない。

チェーン展開のスーパーの食品売り場を信じて「食べ物」であるかどうかを識別するのではなく、そして「虫など食べ物ではない」とする西洋的価値観と関係なく、地域の人たちが自ら考え行動して「食べ物」として判断したものを食べているのである。私は、ハチの子が、人々が思考停止することなく食べ物とそうでないものを判断してきたことの表れだと考え、現在でのその存在の重要性を主張するのである。

最後に

「ヘボ追い」と「食べ物としてのハチの子」は、一つは自分たちが必要なもの、欲しいものを自らの判断で決めるという点、二つ目は都市で当然のこととして機能している大量生産大量消費のシステムを無視して存在しているという点において重要である。

権力を持つ組織や、実質的に大きな影響力を持つシステムを、自ら考えることなく利用し続けていくことが、すぐには気づかない危険をはらんでいるということは、昨今のネットサービスの個人情報管理のあり方や、多様性の少ない食用鳥のインフルエンザの急速な広まりを見れば明らかだろう。

私は、これからも「ヘボ追い」が時代の変化とともに、人々の試行錯誤のなかで変化していき、ハチの子が食べられ続け、メニューのレパートリーが増え続けていくことを願う。そしてそのための活動を続けていく。

全体討論　食の両義性

室井　では、ここから頑張って全体の議論をまとめる作業をしてみたいと思います。

喰らい合うこと——自然からの距離と自然への帰還

室井　まず、昨日第1セッション[*1]で檜垣さんと、それから久保さんにしていただいた話題についてです。第1セッションは「食べることの原点と現在」というタイトルになっていますよね。そこで、檜垣さんは哲学者ですから、食べることの原点というか、食べるというのは本来的にほかの命を食べて、殺してしまうことなのではないか、カニバリズムのようなものにつながっているのではないか、という視点をお出しになりました。

＊1　第1セッションについては、本書第Ⅰ部を参照。

その後の議論のなかで出てきたのもやはりその点で、地球上の生命体というのは、動物も植物もすべてそうやってほかの生命を食べることによって続いているということだと。これはもしかしたらすごく呪われていることなのかもしれないし、逆にわれわれ、生命というのはそういう形でほかの生命を体内に入れることによってしか持続していかないとか、多様性が確保できないということもあるんじゃないかというような議論が出たのです。

檜垣さんは「植物は光合成しているからそんなことないですよ」と言ったんですが、僕はそうは思っていません。熱帯の熱帯雨林や、それから日本でもその辺で繁茂している、獰猛な雑草を見ても分かるように、植物だってほかの種を滅ぼして、それを養分にする、吸収するという形では喰らい合っているという点において変わりないと思うのです。問題はそれを人間が文化としてどういうふうに考えるかということです。まずわれわれは料理をしますよね。料理するというのは、自然のそういう喰らい合いみたいなものからちょっと距離をとりたいという欲望があって、そこで調理だとか、火を使うということが行われる。要するに、生のものはできるだけ食べない。日本人はお刺し身は食べますが、生きているエビとか魚をそのまま食べたりはあんまりしたがらない。なので、死んでいればいいんじゃないか、植物だったら痛みを感じないからいいんじゃないかとか考えます。つまり、食事というのはそういう自然界の喰らい合いみたいなものから少し距離をとり、「食べること」を文化という味付けで和らげる。そういう意味合いがあるんじゃないかというふうに思っています。

昨日思い出したのですが、一九七〇年代に公開されたハリウッド映画に『ソイレント・グリーン』[*2]という有名な作品があります。これはＳＦで、ソイレント・グリーンというプランクトンを加工した食べ物についての映画です。地球が飢餓状態にあり、人口が増えすぎて他に食べ物がないということでそれを食べているのですが、最後に、実はそれが自殺を志願した人間の肉を加工して食料にしたものだった……。そういう秘密が明かされるという映画なのです。

よくよく考えてみたら、われわれはもともと、自分たちの肉を自然界に返すということをしてきたはずです。土に埋めるというような仕方で。僕は猫を飼っていたので、猫が死んでどうしよう、保健所に電話しようかと思ったら、隣のおじさんがやってきて、これは土に埋めとけばいいのだと。埋めると、猫だと半年で完全に分解されてしまうのです。つまり、地面の中の細菌が全部喰い尽くしてしまうのです。私の祖母も南会津にいたんですけども、火葬場がまだ全国に行き渡っていなかったので、土葬しました。みんなで土の中

＊2
『ソイレント・グリーン』は、一九七三年のアメリカ映画。ハリイ・ハリスンの小説『人間がいっぱい』をベースとした、人口爆発により資源が枯渇し、格差が拡大した、暗鬱な未来社会で起こる殺人事件とその背景を描いたＳＦ映画。（wikipedia）

に。そうすると、人間でも二、三年すると完全に全部細菌に食べられてしまいますね。このサイクルがもう今はないですよね。火葬場というものを作って、法律でも火葬を法制化して、ゼネコンが立派な火葬場を全国にたくさん作っていて、もうわれわれは自分の肉を土に返したり、ほかの食べ物の餌にしたりすることが禁じられている。

実際、自分の家族とか母親が食われてしまうのは、確かに嫌なところはあるんですけれど、でもまたそういう形で自然のあり方からずいぶんわれわれは遠ざけられてしまったんじゃないかというのが一つの論点です。

産業化・標準化と家庭料理

もう一つ、第1セッションで久保さんが話されたのは、戦後の家庭料理のカリスマたちの言説ですよね。戦後になってくると、外で食べられるようなおいしいご飯を家庭でも作ってあげましょう、ということになってきて、小林カツ代さんや江上トミさんみたいなスターが出てきた。これにはポイントが二つあって、おいしい料理を作れるということ、それから一時間でこれができちゃう、みたいな時短のマニュアルを進めていくということがありました。これに関しても議論があって、結局これは産業化だとか文明化で、スーパーとかコンビニがあって初めてできることで、産業社会というものがある程度発展するとこういうことになる。それ以前の農業社会だと近くに店がないですから、そんなこと言っても無理なんだということです。

室井尚氏

このあいだ学生から聞いて面白かったのが「MOCO'Sキッチン」というテレビ番組で、速水もこみちというイケメンが料理をするんですが、売っていない外国のものばかり使うらしいんです（笑）。すごいマニアックなスパイスとかばっかり使うんで、もうひたすら「もこみち格好いい」と見る以外に全然応用性がない。彼の使う食材は、どこにも売っていないらしいんですね。そういうことだったらレシピとかも必要ないわけです。

ともあれ、まずそういう産業社会に問題があるんではないかという話が出ました。それに対して久保さんは、第1セッションのなかで、そう考えると何か見落とすことになるのではないか、という疑念を述べていました。*3

みんなに栄養があるものを作ってあげたい、食べさせたいという母親たちの気持ちがそこに反映しているのというのは、すごく面白い視点だなと思いました。でも、逆にいえば、われわれは、食べなきゃいけないという義務感みたいなものを同時に持っている。栄養が偏るといけないとか、高いご飯を食べないといけないとか、そういうのが一種の抑圧になっている。それも不自由なことだ、という話も出ました。

この関連で、もう一つ重要なのがアキバ問題(笑)。アキバ問題は、今回の大会の実行委員長の秋庭さん、名古屋大の教員なんですけれども、単身で名古屋にもう十年以上過ごしているんですが、ご飯はコンビニの弁当しか食べないと。で、コンビニの弁当も好きなものを食べているのではなくて、安いものを食べている。だから、夕方行って、値引きしてるものを優先して買って帰るということで、しかも三軒のコンビニしかない地域に住んでいるので、コンビニを三軒はしごするというのですね。さらに、電子レンジを持っていないために冷たいまま食べるという……。この大会を準備をしているときにそういう話を秋庭さんから聞いて、みんなすごい衝撃を受けました。その後電子レンジを買ったらしいんですけども、まだ箱から出してないという、そういう状況です(笑)。

このアキバ問題の面白いところは、この話って、普通に考えたら「ちゃんとしたものを食べなさいよ」とか、「あったかいものを食べなさいよ」というところで終わっちゃうのですが、あまりにひどいので、なんかちょっと逆に、もしかしたら秋庭さんってすごい自由な人なんじゃないかと勘違いをしてしまうところがある。われわれは食べるものに気を使わないといけないと思っているし、食べたいものやおいしいものを食べなきゃいけないと思わせられているという気になって、も

＊3
本書には収録されていないが、第1セッションの討論のなかで、久保氏は、そうした産業化や近年のアプリ化によって「何か「消えちゃうんじゃないか」みたいな話をするよりも、違う形でどう出てくるのかを考える方に僕は興味があるし、見ていきたい」、またコントロールしても、「今までと違うコントロールできないもの」が必ず出てくる、そこに興味がある、と話していた。

しかして一番自由なのは秋庭さんかもしれないとなる。そこがアキバ問題の面白いところで、だから、食べることというのはやっぱり両義的ですよね。

両義的というのは、「こうすればいい」というもののその裏があって、こんなことはさせられているだけで、俺たちは本当は不自由なんじゃないかというような両面を持っているというふうに思っているんです。

食の共有化と個別化

そんなふうにまとめたんですけれども、次に、第1セッションの司会だった京都造形芸術大学（現在は京都芸術大学）の河田学さんに何かコメントしていただきたいと思います。ちなみに、文化としての食のお話とか、それから、マンガの話、表象としての食の話ももちろん次に振りますから、取りあえず河田さんには「食べることとは何か」ということに関してお願いします。

河田　第1セッションの話題で、今日の第2、第3セッションの話につながるかなというところをお話しすると、久保さんからそもそも料理とはなんなのか、とくに家庭料理とはなんなのかという、問題提起がありました。

ただ、それは別の捉え方をすると、要は料理とか食とかというものがどこの範囲まで共有されるかということだと思うのです。で、今日の山口さん[*4]のスライドの写真だとかビデオだとか見せていただいていると、山口さんも、ヘボ追いは楽しいんだということを何度も強調されていましたが、本当に見ていると楽しそうで、その喜びとはたぶんひとつに、みんなで一緒にやっているということにあると思うのです。

第1セッションで出てきた議論でいえば、「小林カツ代」対「栗原はるみ」というかたちでとりあえず図式的に対照させてみると、小林カツ代のほうは、例えばレシピの書き方も大ざっぱで、「ぷりっとするまで火を通す」とか、そういうふうに書かれている。それに対して栗原はるみのほうは大さじ何杯とか、何分間ソテーしなさいと

＊4　本書第Ⅲ部を参照。

か、そういうふうにわりと定量的に書いてある。そういう話が出てきていました。

その背景にはたぶん、もっと大きな社会全体、あるいはさらにグローバルな規模で考えたときに、食というものがどこまで共有されているかという問題があると思うのですね。昔だったら、どこの家庭にもその家の味のようなものがあったのに対して、現在ではレシピなどによる食の標準化が進んでいて、どこの家庭でも同じような料理を食べている。各地域の農産物もどんどん広範囲に流通するようになって、みんなそれを買って料理を作っている。さらにはマクドナルドのような世界規模の飲食チェーンがその最たるものですが、世界中で同じものが食べられていたり、セントラルキッチンのような管理された環境下で工業的に調理されたものが食べられていたりする。そういう大きな話につながっていくのではないでしょうか。

今日の第2セッションで、おおひなたさんのお話を聞かせていただいてすごい面白かったのは、目玉焼きじゃないんですけど、僕、卵かけご飯にすごいこだわりというか、奇癖みたいなものがありまして（笑）、食べるときに、白身と黄身と分けないと気が済まないんです。白身は飲むんです。で、黄身だけご飯にかけて食べるということを、普通のすき屋とかなか卯とかの朝定食でもやるんですよ。でも、それはすごい恥ずかしい。それで店員さんとかほかのお客さんが見ていないことを確認して、こっそり分けている。

ところが、ある日、なか卯のメニューに「卵のセパレーターあります」と書かれていて、それを見たときに僕はすごい救われたような気がしました。全国には僕の同志、卵の黄身と白身を分ける同志がすごいたくさんいて、それで、その同志たちのためにセパレーターが導入されたんだと思い、僕はすごいうれしかったんです。

で、おおひなたさんの作品に戻ってみるとそれはどういうことかというと、結局吉村さんの話のなかで「ケンミンSHOW的な」という言葉が別の文脈で出てきましたけど、一見したところ、おおひなたさんのマンガというのは、人と人による食習慣の違いを楽しむというふうに見せかけておきながら、でもその主人公たちの恋愛関係とかが軸になっている。それはどういうことかというと、食が共有されていくプロセスの話なわけですよね。山口さんのお話にもつなげていくと、やはり共同作業みたいなものとしてヘボ追いというものがあって、そこで、その地域の食というものが共有されている、と。

室井　全部のセッションにコメントされると混乱するので、第1セッションだけにとどめておいてください。

河田　はい。第1セッションについて室井さんが指摘されなかったところとしては、食はどこまで共有されるか、それはミクロなコミュニティ・レベルからグローバルのレベルまである、という点があるかと思いました。

室井　それはもちろんつながっています。今のお話の、卵のセパレーターのくだりの前までの話は、要するに、標準化というかグローバル化で、どこへいっても同じものが食べられるとか、どこへ行っても同じ製品がコンビニやスーパーで買えるようになったあとの料理のレシピの問題という話で、それは山口さんの話とまったく逆ですよね。

だから、文化として、そこでしかできないもの、さきほど言ったようにそれは正しいと思うんですけれども、これを標準化してはいけない。それは完全にそうだと思うんですね。

河田　発表をお聞きしながら山口さんにおたずねしたかったのは、「共有」と同居している「個別」の部分です。ヘボをみんなで取りに行くわけだけど、それは誰のものになるんでしょうか。誰が持って帰れるんですか。

山口　それは、あまりルールというのはなく、「おまえ、今年あんま取ってねえだろ、いいぞ」という感じです。

河田　優しい感じですね。

山口　そうですね。

河田　取るのはみんなだし、地域による多様性もありながら、その地域ではわりといろんなことが共有されている。でも、そのいざヘボを持って帰ってみると、料理の仕方は家によって違うこともある。だから、共有されている部分と、そうではなくて個別的な部分とがたぶん同居しているというのが、わりと本来的というか、古典的というか、昔からの姿なのかなと思いました。

室井 それが、昨日の第1セッションで久保さんが言っていた、「こうやると三〇分でこれができちゃいます、ふろふき大根がこんなに短い時間でできます」、と言いつつ、「昔は大変だった」というノスタルジーもそこには含まれていて、昔ながらのものがこんなに短い時間でできる、という言説になるんだという話もありましたよね。だから、みんななんかこういうものに憧れているんだけども、現代人の生活のなかではとてもこんなことはできないということで、みんな済ませていると思うんですけど、それはどう思います？　できないといえばできないよね、これは。

山口 そうですね。そう、できないし、秋庭さんはたぶんしなくていいと考えているのかなというのは確かにすごく重要だなと思います。

室井 いや、秋庭さんは昨日も言ったんですけど、みんなで食べに行くのは好きなんですけど、要するに一人きりのときに食べるものを考えたり、それに時間をかけるのはとても嫌だという、そういう論理らしいんですけど（秋庭うなづく）。

山口 あ、そうなんですね。分かりました。

食文化の無根拠性と共食者の形成——食・性・家族

室井 では、次にいきましょう。次は「文化としての食」ということで、食の表象の問題です。これが第2セッションになると思います。食がどういう形で表象されてきたかということで、マンガだけじゃなく、グルメ番組もそうですけども、いろんなメディアを通してわれわれはこれおいしそうだなとか、こんな作り方があるのかということで、食べたいという欲望をかき立てられてきたと思います。吉村さんの話もすごく面白かった。グルメマンガ五〇年史とおっしゃっていましたが、われわれはやっぱりグルメというか、「ものを食べる」ということをすごく貪欲に消費していますよね。

さっき京都精華大学（現在、同志社大学）の佐藤守弘さんと会場の外で会ったときに話していたんですが、なぜご飯食べているときにグルメマンガを読んでいるんだろう。今食べているものに集中するんじゃなくて、グルメマンガを読みながら違うものを食べている、そういうことがあると思うんです。それから、おおひなたさんの発表について、みんなは卵の食べ方みたいなことに口を挟みたいんだろうけど、でも、おおひなたさんのリアルに読み上げる紙芝居を見ながら僕が思ったのは、みんなそのこだわりになんの根拠もないなということです。なんでこんな根拠がない思い込みに基づいて、人が違う食べ方をしているだけで、確信をもって「おまえはばかか」という発言をできるのか。これも、食が持っている、ちょっとした秘密のような気がするんですよ。ここで、第2セッションの司会の佐藤さんに振ります。

佐藤　ありがとうございます。僕が挙げた論点、そして吉村さんが挙げられ次の話にもつながるカニバリズムとか植物と動物の問題、それにおおひなたさんの話を中心とした三つに分かれた感じがしますけれど、そこでもひとつ気にかけていたのはやはり「共食」（と僕は言いましたが）、二人以上で食べる、あるいは行動するという点です。文化というのは、当たり前ですが、一人ではできないものなので、二人以上の複数が何かの価値、あるいはカルチュラルスタディーズなどの言い方だったら同じように意味を読み取っている人たちが二人以上いたら文化になるというふうな言い方をするわけなので、そこで秋庭さんの問題だと二人ではなく、一人で食べているというところがポイントなのかもしれないなというのを……。

室井　SNSに上げる、上げたいのもそのせいですかね。インスタなどの。

佐藤　それもやはり共有したいという。一方では共有したいというのもありつつ、今度は、ああいうふうに「おまえばかか」、というように自分の食べ方と違うことに対してなぜかいらだってしまう。すごく気になるんですよね。普段はそんなに気にとめないわけなんですよ。それが例えば、一緒に生活することになると、毎日のように見えてきたり。

室井　おおひなたさんのマンガのポイントは、だから、ずっと付き合っている彼女なのに、初めて卵の食べ方が違うということに気づいたわけですよね。だから、飯を一緒に食うということはすごく特別なことなんですね。

佐藤　はい。その話をすると、昔は男女が一緒に食べるというのは特別な二人で、とか、焼き肉を食べていたらどうのこうの、みたいな話というのがあったように、やっぱりその食べるという問題、やっぱり吉村さんの話につながっていく。

室井　でも、食べるというか、男女が付き合うと必ず一緒にご飯食べに行こうという風になりますよね。

佐藤　ですよね。僕はないですけどね。

室井　一緒にご飯食べて、フレンチとかはいいんだけど、目玉焼きという自分の家で作るものを食べるときのショックですかね。基本的に。

佐藤　たぶんそれこそ、流通しているマナー、たとえばフォークの何番を使うとか、右手、左手の問題ということでは見えない部分をおおひなたさんは描いておられるわけですよね。

室井　それはヘボ追いもそうだけど、結局、みんなでシェアするというか、みんなで食べたり、あげたりするというのはありますよね。きっと。でも、一人で食べると逆に気持ちが悪くないですか。一人で誰にも見えないところで食べていると。

佐藤　いや、僕は一人でご飯を食べるの大好きなので、あまり気にしないんですけれど、最近、横浜にもある有名なこの、一人用に仕切ったラーメン屋ありますよね。

吉村　一蘭。

佐藤　一蘭ですよ。あれはすごい話題になって、僕、一度入ったことあります。お互い知らずに食べるから、ええやんと思いました。あれ面白いですよね。

室井　この話題は、この辺で吉村さんに振りたいと思います。この話題については吉村さんがすごく詳しいですから。

吉村　いやいや、そこまでじゃないですけど、二つだけ、その前に質問というか、答えてほしいんですけど、ヘボ追いの話で、これ仮にマンガにして、多くの人に伝えたいとかいう人がいたらオッケーなのかどうかだけ、あとで聞かせてください。

山口　はい。

室井　吉村さん、京都精華から全国に向けてヘボ追いマンガを。

吉村　すいません。いいのか悪いのかちょっと分からないですけど、取りあえずあとで。

山口　ヘボ追いマンガとか。

吉村　はい。で、今いろいろ聞いて思ったのは、食べることと、今日、僕は実は性の話をしましたけど、どちらも本能的であり、すごく避けられないことなんですが、性のことはできるだけ秘め事にしておきたい。食のほうは秘められないということなんだなと思いました。だから、もうおおひなたさんのなんかはたぶんどちらを描くのでも本当は恥ずかしい話なんですけど、目玉焼きのマンガの特徴は、いわゆる性的なシーンが出てこないのです。そして、対照的なのは『不倫食堂』[*5]とかですよね。あれはもう食と性を描く。そのバランス性ってすごく重要なんだなと思いました。ですから、手塚の場合は一方に振ったわけですよね。振ったんだけど、ちょっと手塚だからやっぱりひねってあるなと思うのは、あれが双子である、クローンであるということと、植物であったということですね。これも第1セッションとつながると思います。肉食じゃなくて、植物を食べ、一方の小動物であるミイちゃんは食べられなかったという話は結構重要かなと思いました。

室井　佐藤さんがひとり飯好きだとおっしゃいました。それから、『孤独のグルメ』というマンガ。ドラマにもなりましたが、あれも一種の共食

＊5
山口譲司の漫画。『グランドジャンプ』にて、二〇一六年九号から連載中。出張先の郷土料理の食べ歩きが趣味な主人公が、現地で出会った人妻と肌を重ねる姿を描く。(wikipedia)

ですよね。ほかのお客さんが食べているのを見ながら食べたり、お店の人と会話をしたりするというのを求めていくんで、今言った一蘭みたいに完全に遮断されてご飯食べるというのじゃないですよね。

河田　たぶん違いますね。

吉村　そうだし、たぶん、作品中というよりも、読者にもう見せているわけですよ。直に見てもらえているというか、自分の恥ずかしいところを全部出したいわけですよ。

河田　それはマンガ家が、ですか。

吉村　マンガ家がです。マンガ家が読者に全部それをさらけ出しているわけですよね。

室井　そうですね。吉村さんの話にもあったけど、クレイジーキャッツの谷啓さんがやっぱり人に食べているところを見られるのを極度に嫌がって必ず後ろ向きになって食べるという話があって、食べることって恥ずかしいことかもしれないんですけど、それもおおひなたさんはさらけ出しているわけですが、そういう気持ちってあります？　自分の性癖出して恥ずかしい、みたいな。

おおひなた　はい。やはり、さっきも言いましたけど、自分が食べているところを見られるってすごく恥ずかしいなと、このマンガを描くようになって意識し始めて。でも、マンガを描く上であまりそこは意識的にならずに済んでいるのは、取材を結構しているので、ほかの人の食べ方を描いているという意識が少しある。なので、全部自分のことを一〇〇％出していると、ちょっと恥ずかしいなとか、ちょっと自分のこと出し過ぎて嫌だなというところがあるんですけども、わりとほかの人のことを描いているので、そこで自分なりに言い訳ができているというふうに思って、そこは分けて、切り離して考えられているので、そこまで描きにくさは感じないかなと思っています。

室井　僕は個人的に、うちの奥さんによく、もっとおいしそうに食べなさいよと怒られるんですよ。食べ方が全然おいしそうじゃないと。それでよくよく考えてみると、人に食べている姿をじっと見られるのってそんなにあることじゃないので、さすがに同僚とか友達に言われたことないです。居酒屋などで、室井さんの食べ方全然おいしそうじゃないと言われたことないのですが、割とプライベートなところではそういう突っ込みが入る。公共的な場所で食べる時はあんまり突っ込まれたりしないんですけど、私的な空間だと、それこそ「何その食べ方」とか、「箸の持ち方が違う」とか言われる。これはなんでしょうね。

おおひなた　家族以外ではあまり指摘しないですよね。

室井　そうなんですよね。

おおひなた　ほかの人が食べているのを見るのもちょっと引け目を感じる部分もある。

室井　お子さんにマナーを身に付けさせようと思われているんですか、最近は。

おおひなた　そうですね。やはり、ほかの人の家に行って恥ずかしくない食べ方を……。

佐藤　それは、より良い共食者を育てようとしているわけですよね。

おおひなた　ああそうですね。そういう意味では。

佐藤　僕もたぶんそうなんです。共食の最終単位が家族だとすれば、そういうずれのない人たちを育てていくことが家族の形成だという話がありますよね。

室井　僕は、よくネタにされるフォークの背中にライスを乗せて食べろという教育を受けてきた世代なんですけれども……。

佐藤　まさにマンガに。

おおひなた　ありますね。

室井　本当大変ですよね。実際、マンガになっているというか、東京に来て、普通の洋食屋に行って、皿に乗っているライスを食べるのにめっちゃ緊張した記憶がありますよ。ですから、マナー教えないほうが……。

おおひなた　実際にそうやって食べている欧米人ってほとんどいないという。

室井　見たことないですね。

佐藤　まずライス食べない。

おおひなた　根本的に。

佐藤　今のは、食というものを家族や社会の方に伸ばしていった話ですけれども、秋庭さんは、大会を企画する際、脳や認識の問題や技術の変化の問題についても考えていて、大会冒頭の挨拶でもそれに触れていたと思うのですが、その点はどうなのでしょうか？

秋庭　はい。最初はそれこそバイオ肉研究の方も呼んで、そういう技術革新と料理の変化というか、食べるということの変化を話していただこうと思っていたんですけど、あまりにも話題が広くなりすぎるので、今回それはやめようというふうに考えました。あと、脳の話は本当の専門家の方を呼んで、かなり厳密にやらないと話がいくらでも膨らんでしまうので、それはまた別にやったほうがいいと思いました。それで今回は、こういう形にとどめさせていただいております。

味覚は幻想か、それとも

室井　もうひとつ、ここで語っていない問題として、味覚とか、料理へのこだわりの問題があって、今回ほとんど話題にのぼってこなかったんですけど、こうすればおいしいとか、ここの飯はうまいとか、作り方によって全然違うみたいな、ことがよく言われます。つまりは、味覚の問題なんですけど、これについて、もしかしてどなたかお考えありますか。というのは、もう最初から言っているけど、河田さんが事前の打ち合わせのときに、あの人は結構グルメでうるさいんですけれども、「本当は味覚なんてものは全部幻覚で、味なんかねえんだよ」、という暴言を吐いたので、ちょっとそのお話をしていきたいのです。つまり、おいしいと思い込まされているという話ね。よくバラエティ番組の芸能人の格付けランキングみたいなので目隠しをして、エリンギとマツタケの区別がつかないとか、それから、高級牛肉とスーパーのアメリカから輸入している安い肉の区別がつかないとかやっているじゃないですか。あれは芸能人が全然、本当の味覚がないからじゃなくて、もともと味覚なんかないからだという、そういう暴論だったと思うんです。要するに視覚だとか、思い込みだとかがないと、区別なんか誰もつかないという。でしょう?

河田　何回もすいません。僕、そこまでの暴論を言ったつもりは……。

室井　ちょっと盛りました。

河田　ですよね。そこまでの暴論を言った覚えはないんですけれども、まずひとつ僕がおかしいと思うのは、「美味いものは美味い」とかいった言い方です。昔のグルメマンガでも、『包丁人味平』[*6]などでは、「料理にはうまいかまずいかの二つしかない」といった主人公のせりふがあります。「うまさ」が料理に内在するものだと考えられているんですね。一方では、うまみの生理学的な話、つまりうまみ成分とはグルタミン酸やイノシン酸だという話があります。しかし実際には、それこそ伏木亨さんの『人間は脳で食べている』(ちくま新書)ではないですが、おいしさというのは文化的に構築されているものでもあるはずです。僕が、本来的にうまいものなど存在しないというのは、最初のほうで室井さんからお話があったように、自然から距離をとろうとすることで成立したはずの食文化を、文化的な次元を無視してなんでも自然に還元したがる傾向に対する反発でもあるんです。うまいというのは生理学的にはこういうことで、それは人間の舌がこうなっていて、この食べ物にはこういう成分が含まれていて……という言説に回収されちゃっているというところに、食をめぐる言説や、グルメマンガなどもぜんぶひっくるめた今の食文化の不思議さ、気持ち悪さみたいなものがあるんじゃないか、というのが、僕が言いたかったことですね。

室井　いろんな意見が出ました。最後に言いますが、僕は栗本慎一郎さんを最近、うちに呼んで連続講義してもらっていました。栗本さんって「料理の鉄人」のコメンテーターをされていたんですが、あの人はエビチリだったらなんでもいい、みたいな人ですよ。そんな「料理の鉄人」とか、岸朝子[*7]さんとか、ああいう人たちの料理評論家的な言説みたいなものが、やっぱり僕たちに大きな影響を与えている。鍋奉行的ないろいろうるさい人

＊6　原作:牛次郎、漫画:ビッグ錠による漫画。一九七三年から一九七七年にかけて『週刊少年ジャンプ』に連載された。それを題材としたテレビドラマも放映された。

＊7　岸朝子(一九二三―二〇一五)は、日本の料理記者、食生活ジャーナリスト。

と一緒に宴会をやると、すごく嫌じゃないですか。本当に分かるのか、みたいな感じなので。だから、その辺が一番気になるところです。だけど、そこを突き崩しちゃうと、表象も難しくて、グルメマンガも成立しない、みたいな感じもするんですけどね。

自然と文化、身体とテクノロジーの往還がつくる回路

室井　次は、皆さんたくさん来ていただいていますけど、ここは記号学会なので、例えば会長の前川さんとか、特権的にしゃべっていただける人に振りたいと思います。

前川　今回はフロアから参加するだけでいいので、すごく楽させてもらってありがとうございます。で、私もアキバ問題から話してみたい。こう言ってよいのかわからないのですが、たぶん秋庭さんは料理することだけでなく、食べ物を選ぶことさえも面倒くさいんだと思うんです。だから、単純に値引きが大きい弁当をコンビニでとりあえず選ぶ。食べることには、しかもひとりで食べることには、複数で食べる場合よりもかえって、ああいうものを食べなければこういうものを料理しなければとかという強迫観念的な食べる文法やコードが過剰にかぶさってくるような気がします。だから皆で食べる時よりも面倒臭い。ひとりで食べるということは、一見すると、ひとりで何をどのように食べてもいいという自由さがあるように思いがちなのですが、逆にこうした不自由さというか目に見えないプレッシャーがある。だからそうしたことを振り捨てて値引きの大きいものを買う。そんなふうに話をうかがっていました。

それと、全体の話については、これまで例えば自然／文化の対立とか、食べること／生きることの繋がりとか、食べることを性の問題として読むこととか、いろんなテーマが出てきたんですが、もっと強調してもいい論点は、技法だとかテクニックだとかマナーという言葉も出てきたように、広い意味でのテクノロジーではないかとも思います。このテクノロジーは、自然から距離を置く文

化に属するものなのだけれども、自然の素材にも人間の身体にも非常に密着しつつ、場合によってはそのなかに入り込んで一体になっている。テクノロジーは、さっきの食べること、生きること、自然、文化、性、こうしたものをすべて繋いでいき、しかも、それら相互が壮絶に葛藤するような場にもなっている、そういうふうにも思いました。そう考えると、ただ食べて美味しいとか満足だとか言って落ち着いてしまうのは幻想にすぎない。ただし、そこから私たちはなかなか抜け出せないのも確かなのですが。

室井　いや、幻想であるからこそ、さっき佐藤さんが言ったように、一緒においしいものを食べたという共通経験を作りたいんじゃないですか、みんな。

前川　まあそうなんでしょうね。

室井　あれおいしかったね、というのを確認しあいたい。

前川　ただ、共食というか、食べることとの共有という問題は、宗教的な次元も潜在的に含みますね。キリスト教的コミュニオンのようなものを考えてみるといいかもしれません。まったく違うことに思えるかもしれませんが、現在のテクノロジーであるSNSで自分が毎日食べているものをアップしてそれだけで共有している（と思っている）という現象も、ある意味でコミュニオンですよね。宗教的なものとSNSでは、全然次元が違うとは思うのですけど、両者は遠くでつながっているような、食べることとの共有の問題だと思うんです。こんなことも考えてみると、食べることから出発して、広範な問題圏をカバーできるんだということがよく分かりました。

室井　まとめていただいてありがとうございます。では、前会長の吉岡洋さん。僕は前々会長です。

吉岡　ありがとうございます。何から？

室井　アキバ問題。

吉岡　僕も秋庭さんがどんな食生活を送っているかというのを、室井さんと三人で飲みに行ったときとかに聞いて、確かにびっくりしたんですけれども、なんか昨日から二日間聞いていて思うのは、アキバ問題なんて本当は存在しないんじゃないかということ。僕自身は、頻繁に料理作るんですよね。全然こだわりの料理ではないんだけども、習慣的に毎日何かは作るんですよ。一人でも作る。こういうことをいうと、ぼくはまるで秋庭さんの対極みたいに見えるじゃない？　だけど、本当は一緒なんじゃないかなと思うんです。ということは、われわれはみんな秋庭さんなんじゃないか。どういうことかというと、食ということを成り立たせるのはやっぱり言語であって、本当はみんな食そのものに関心なんかないんだという感じが、この二日間聴いていて、すごくしてきたんですよね。それと同時に一人で食べるか、一緒に食べるかっていうことも問題になってたけど、そんな簡単に共食と個食って分けられないよなというのをすごい思った。グルメマンガを読みながら、一人で牛丼を食べる、みたいなのがあるとすると、それも一種の共食だなと思うんですよね。つまり、マンガの中で違うものを食べている人がいるんですよ、目の前に。だから、やっぱり人は共食をなんらかの形で求めるし、秋庭さんが安売りになったコンビニ弁当を買ってきて家で食べる。コンビニの弁当って製品だから、おそらく同時期に日本中で何千人もの人が同じコンビニ弁当を食べている。それは、食べながら自分の食べているものをインスタに上げることで、きっとみんな見ているだろうという感覚、つまりバーチャルに共食しているのと、どこか似ているという感じもするんだけど。

室井　かなり無理があるような気もしますけど。では東海大学の水島久光さん。

水島　今、もう話題が出切っちゃった感があるんですが。

室井　僕たちはみんな秋庭さんだという。

水島　確かに、食べることが面倒くさいという点で、僕もみんな秋庭さんだという感じがしますが、その前に、まったく個人的なことなんですけど、おなかが減らないことが結構あるんです。これも飽食と関係あるかもしれません。第1セッシヨンの久保さんのときにも三食食べることに関する議論が出てきましたが、最近僕も年を取って本当に困るのは、おなかが減らないんですよ。だから無理やり空腹を作って、なんとなく食べる必要性を思い出しているような状況なんですよね。だから、最初の秋庭さんの問題提起で、VRとか、脳の問題だとかを、今回は外したと言ってますけど、やっぱりイメージで食べさせられているのであれば、逆にそのイメージだけでどの程度僕らは満足するのか、というのも考えてみたいと思いますね。

室井　その逆に、ダイエットみたいにもう、満腹感を与える、みたいなのもありますしね。

水島　そうそう。その話はちょっと今後どこかでしてみたいなという感じがします。はい。

室井　まず、パネリストでまだしゃべり足りない人いる？

おおひなた　取りあえずバーチャルな世界で、例えばVR装置を装着して、何か食べたときに味覚を感じるとか、そういうのが作られたとしても、僕はたぶん満足しないんじゃないかと思って。というのは僕は、人はのどごしで満足するんじゃないかと思っているからなんです。だから、ものを食べたときに噛んで、味わって、ペッて捨てたら、きっと物足りないんじゃないかと思うんですね。それをやっぱり飲むことで満足感を得られると感じているので、バーチャルの世界でそこまでリアルなものができたとしても、きっと満足感は得られないんじゃないかなと思って。あと、今公開中の『レディ・プレイヤー・ワン』[*8]という映画があって、何年か先の未来のバーチャルの世界が広がっていて、現実世界から逃避するために、みんなゲームをやっているという世界なんですが、落ちは「ゲームの世界じゃうまい飯は食えない」、現実の世界に戻れ、なんですね。

室井　皆さんの話の流れでいうと、やっぱり自然との接点なんですね。食べるということは。完全に文化には吸収されない自然の身体というものがないと、やっぱり成り立たないということですね。では、これからバトルロイヤルに入りますの

＊8
スピルバーグ監督で二〇一八年公開のSF映画。ワーナーブラザーズの公式サイトは以下。ｈｔｔｐ：／／ｗｗｗｓ．ｗａｒｎｅｒｂｒｏｓ．ｃｏ．ｊｐ／readyplayerone/

で、記号学会の人で言いたいことある人はどうぞ。

佐藤　やっぱり、レヴィ＝ストロースが、消化と調理というのが行き来しているとしたのは、よく考えているなと思ったんですね。だから、消化というものが文化を自然に戻す。でも、それを消化するために加工する、つまり文化にする。それはだから、「往還関係だ」というような言い方をしていたのが面白いなと。

室井　消化というのは、ダイジェストって消化という意味なんですけども、僕らは物事を全部頭の中に入れているんじゃなくて、編集して、ダイジェストを作って認識しているじゃないですか。だから、もう消化をするというのはまず食べるものを、それから認識の全部をダイジェストしているんだということは言えますね。

産業化とヘボ追いの進化

室井　では、ここからは誰でも発言できます。手を上げてください。はい、外山知徳さん。

外山　静岡大学の外山です。山口さんに質問ですが、さきほどの山口さんのお話の冒頭で、「ヘボ追いを知っている人は手を挙げてください」と言われたときに手を挙げなかったんですけど、話を聞いているうちに、「あ、それだったら知ってた」と思ったことがあるんです。それは、今からもう五十年も前になるんですけど、山梨県の望月町というところに建てる別荘を設計していて、泊まりがけで何度か行ったんです。そのときに、地元の建築会社の人が自分の家に泊めてくれて、それで食事も出してくれたりしたんですけど、何回か行っている間に、そのまさにヘボ追いをやってくれたというか、ハチの子を取ってごちそうしてくれたんです。ただし、なぜそれがヘボ追いだと思わなかったかというと、ヘボ追いなんて言葉は使わなかったからです。

というのも、その望月町の人がやってくれたことは、技術もなんにもないんですよ。環境を読むといったって、外へ出て行って、道端にただしゃがむだけなんです。ずっとこうやってしゃがんで見ているだけなんですよ。見渡しているとそのうち田んぼの中から、ハチが「つーッ」と跳び上がるんです。それからどこかへ飛んでいくんです。で、その上がった下にハチの巣があるんですね。だから、目印なんか付ける必要なんにもないんです。捕まえる必要も何もないんですね。ただしゃがんで見ていればいいだけ。それが強いていえば環境を読むというか、やっていたことなんですね。それがもうかれこれ五十年前なんです。それで質問なんですけど、五十年の間に山口さんがおっしゃるようなヘボ追いに進化してきたのかどうなのか、あるいはそれは、付知町でしたっけ。と、私が見た望月町との違い、ローカリティの問題なのか。その辺をちょっとお聞きしたい。

それで、もし進化していたのだとすると、昨日今日の第1セッション、第2セッションの話とヘボ追いとはちょっと隔たっているような感じがしたけれども、もし進化したものなんだとすると、結局、第1セッション、第2セッションで議論してきたことと、同じジャンルのなかにヘボ追いもあるんじゃないかなという……。

室井　同じというのは、産業化によって進歩していくということですね。

外山　はい。だから、逆にその山口さんがパンフレットなんか作って、みんなに呼びかけるということは、言ってみれば、レシピ化であるという感じが、今お話聞いていてしました。その辺のことについてどうお考えかをお聞きしたい。

室井　面白いですね。どうぞ。

山口　五十年前ですと、おそらくもう少し、ヘボ、ハチは人の生活の身近にいたというふうに考えられます。というのは、三十年前ぐらいの時点でやっている人たちは、そもそも、彼らの田んぼのへりにスズメバチはいたんだと。で、そこによく通っているのを見ていたから、そこが分かれば、それを取って食べるということもしていたと言っていましたし、それがだんだん、農薬のせいだというふうに彼らは言っていましたけれども、田んぼのほうからどんどんハチがいなくなったんですね。それで、山のほうに取りに行くようになった。

そのときも、山に取りに行く人は取りに行く人でいたということです。それからあと、今おっしゃったのは「すかし」という技法で、おそらく秋頃だったんじゃないでしょうか。寒い頃ですよね。そう、その時期になると、空がクリアになってきて、ハチの影が見えやすくなるんですね。それで、そのやっている人たちというのは、太陽の方角とかすかしが見えやすい場所というのを自分たちで分かっていて、それで、そういう技法を使ったんだと思います。まず、それを大げさに言っちゃったかもしれないですけど、僕はそれを「環境を読む」というふうに思っております。

あと、標準化してしまうんじゃないかということですよね。というのも確かにおっしゃるとおりで、実際のこのパンフレットにはちょっと、これちょっと言い訳だろうと思われちゃうかもしれないですが、ここに「ただしこれはマニュアルではない」というふうに文言を入れさせていただいていまして、どういうことかというと、これはあくまで参照するものであって、自分たちなりのやり方を常に見つけていくことが重要なんだということをこのパンフのなかでは言わせていただいています。

室井　マンガ化にもいろいろ問題がありそうですね。

吉村　いやいや、それも頭にあったので、そういうことをやったほうがいいのか、そうじゃないのかというのはさっき質問したかった。単に広げたいとかじゃないんだろうなという。

室井　はい。外山さん、どうですか。

外山　ありがとうございました。それで第1セッション、第2セッションと、山口さんの話をまとめて聞いていると、これはいずれ本になるんだろうと思うんですけど、もしできればレヴィ＝ストロースの「料理の三角形」の現代版というのが作れるんじゃないかと。先ほどから室井さんがまとめていたいろんなキーワードを組み合わせていって。

室井　あと、あれですね。今のご指摘で分かったことは、この五十年間の食べることをめぐる変化というのはすごいということですね。本当に。

外山　そうですね。だからレヴィ＝ストロースの「料理の三角形」を超える新しい現代版「料理の三角形」というのはできそうな気がするんですよね。

室井　分かりました。ありがとうございました。ほかの方、まだもうちょっといけますね。どうぞ。はい、小池さん。

小池　はい。米沢女子短大の小池隆太といいます。さきほどの山口さんのお話を聞いていて、『ゴールデンカムイ』[*9]のリスの話などを思い出していました。いま共食という話をされていましたけれども、共食ということの前提には、食べられる食べられないという前提があって、それがさらに生のもの、焼いたものというところがあって、例えば、僕らから見たら雑草に見えても、山に慣れている人だったら、これはこんな味、これはこんな味というふうになるんですけども、それは認識の問題というふうなことでは、おそらくないと僕は思っていて、だって、食べられるんですからね、そもそもは。

それを、何というか記号的に区分けするという作業が、例えばそれは、ここではへボ追いとして出ていますけど、それ以外にそういうものがあるのかなということをお尋ねしたいんです。つまり、へボ追い以外に山の山菜だとかを煮るとか、キノコとかそういうものというか、われわれが食材を見るのと同じような感じで見えるという感覚がその地域にはあるのかなということをお尋ねしたいんですけれども。へボ追いはその一例に過ぎないということで。例えば、ほかにどんなものが。

山口　その地域的に共有されているのか分からなかったんですけど、僕が滞在したときにはマムシを食べる方もいまして、その人はマムシを見て、こういう調理がおいしそうだなというお話だとか、あとはキノコもスーパーで全然売っていないようなものが、実はごちそうのキノコとして、マツタケじゃないんですけど、イクチとおっしゃっ

*9　野田サトルの、明治末期の北海道・樺太を舞台にした、金塊をめぐるサバイバルバトル漫画。『週刊ヤングジャンプ』にて、二〇一四年三八号から連載中。（wikipedia）

ていましたけれど、それがすごくおいしいキノコなんだということで教えてくれて、ということはありました。

小池　分かりました。

ジェンダーの問題

室井　当然いろいろあると思いますけどね。ほかに、いや、ぜひ何かこんなことを聞いたら恥ずかしいということはないですから。はい、どうぞ。

伊藤　伊藤未明と申します。共食、いろんなものが食をめぐって共有されるということのなかで、ひとつだけ逆に断絶があるのかなと思ったのは、今日のマンガの話は描き手も男の人がメインで、読み手も割と男の人が多いのかなという印象を持ったんですね。で、昨日の料理本のほうはどちらかというと書き手は女の人が多くて、読み手も比較的女の人を想定しているような印象があったんです。そこはなんかすごく共有されていない、むしろ断絶が進行してしまっている……。

室井　そうですね。お母さんになると女の人もすごい料理について真剣に考えるでしょうし、僕は六〇歳を越して食い物めちゃくちゃ気にするようになりましたよ。それは、栄養を取らなければとか、高血圧にならないように、といったことがあるから。子供を育てている母親ってすごくそういう義務感があるので、レシピであるとか、それから栄養表であるとかということを意識すると思うんですよ。でも、食べるということは、確かにそういう部分もあるんですけど、そればかりじゃないというところもあって。へボ追いの話もそうですけど、魚釣りに行ってそれを食べるということと、それから山菜を食べるとかいうのは必ずしも栄養問題だけには解消できないことだと思うんですよね。

だから、どうなんですかね。母親の立場とか、毎日飲みに行かなきゃいけない人が健康に気をつけてウコンを飲む、みたいな話とはまた違うところで食の問題というのは考えられるのかなというふうに思うんですが、いかがでしょう。

吉村　すいません。事実関係だけ。さっき言っていたのは、これ全部女性です。描いているのは。

室井　作者がね。

吉村　そうです。後発かもしれませんけど、今女性の料理マンガがすごく人気があります。はい。

室井　もう少し説明してください。それはただ女子会に行く、みたいな、そういう共食ですか。

吉村　いや、これは『ひとりごはん』[*10]というタイトルです。

室井　それはなんか意味があるんですか。要するに彼氏や家族がいない女性が……。

吉村　いや、そんなこともないんですけど、だいたいみんな女性だといつも決められたものを食べたりするんだけど、ちょっと勇気出してみるとか、なんかそういう、置かれた環境がそれぞれ違うんですけど。ただ、女性マンガのほうに火を付けたのも、久住昌之さんの『花のズボラ飯』[*11]です。だから、今はそこに実は男女あんまり壁ないぐらい女性のマンガ、グルメマンガが多いです。

室井　確かに名店に行くというのは女性が多いような気がしますけどね。

吉村　今はそうですね。最近はだから、女性が一人で吉野家に行くとか、そういうのがはやりというか、全然オッケーです。

佐藤　やっぱりジェンダーの問題というのはすごく重要ではあると思うんです。その食べるという行為。もちろんかつての炎上という言葉がないころに大炎上した「私作る人、あなた食べる人」から始まり、ただ、今は確かにその点でも男性、女性両方が増えてきているし、あるいはよしながふみさんみたいに、あえてゲイカップルというものを主人公に立ててみたりとか[*12]、そういう意味では、本当にバリエーションがめちゃくちゃ広がっていると思います。いまだにああいう『味平』的な必殺技のやつがあるとは思ってはみなかったけど。

室井　いかがでしょう。あともうそろそろ時間が切迫してきました。最後に、はい、どうぞ。

質問者A　山口さんのヘボの話で、ヘボが食べるのに夢中になっているときは刺さないと言われたんですが、猫とかもうちでご飯を食べているとき

＊10　少年画報社から発売されている『思い出食堂』特別編集版として二〇一四年十月から（現在は隔月で）発売されているコンビニマンガ。

＊11　原作：久住昌之、作画：水沢悦子による漫画。『Elegance イブ』二〇〇〇年六月号より連載開始し、二〇一五年十月号まで連載された。(wikipedia)

＊12　『きのう何食べた？』（講談社『モーニング』に連載）。

は普段逃げる猫でも逃げなかったりして、野生の動物が外敵から身を守るときにいろいろ防御とかを普段しているのに、食べるときは防御しないのかなと思って。で、寝たりするときも防御できないと思うんですけど、寝るときは安全な場所に行って寝たりすると思うんですけど、なんか、それがちょっと不思議だなと思いました。

山口　蜂に限っていえば、巣を攻撃されない限りはほぼ刺してはこないです。

室井　猫は餌食っているときにちょっかい出すとめっちゃ怒りますよ。まあそれはいい。すいません、もう時間過ぎていますけど、もう一人ぐらい大丈夫ですか。いかがでしょう。名残惜しいですけど、これでセッションを締めなきゃいけないので。じゃあ、最後に。

質問者B　今回の話、結局、「おいしい」という話が中心になっていたような気がするんですけど、食べることについては、アキバ問題というのが出てきていましたが、食べるのが苦痛というのもあるのではと思います、例えば私、第2セッションに興味があって、それで来たんですけれども、『鬱ごはん』[*13]というマンガ作品もあったりして、それこそ一人で食べる人って周りの目が気になって仕方がないとか、食べることを意識するときにまずいとか、苦痛とかというのが同時に出てくるのではないかなと。聞いていないセッションのなかにあったのかもしれないんですけど、そういうのが中心化された話題というのはありうるのかなと。

室井　中心ではないですけど、ずいぶん話題にしたと思います。アキバ問題もそうですし、共食の問題みたいなものも出ました。

佐藤　昨日の第1セッションで最後、食べないことの問題というのがありました。

室井　たぶん今日しか来られていないのでお聞きになられていないのでは、と思います。それじゃ、締めましょうか。では、今日の第2セッションのスピーカーの方、それから第3セッションの山口さん、ほんとうに、どうもありがとうございました。

＊13
『鬱ごはん』は、施川ユウキによる日本の漫画作品。『ヤングチャンピオン烈』で二〇一〇年三号から連載中。（wikipedia）

会場風景

第Ⅳ部

記号論の諸相

研究論文

モンスターに触れること——『キング・コング』における特殊効果のリアリティ

大﨑智史

はじめに

『キング・コング』（*King Kong*）は、メリアン・C・クーパー（Merian C. Cooper, 一八九三—一九七三）とアーネスト・B・シュードサック（Ernest B. Schoedsack, 一八九三—一九七九）が監督を務めた、一九三三年公開の映画作品である。公開当時、ＲＫＯの経営を立て直すほどの人気を集め[*1]、設定を変えながら現在まで数多くの関連作品が製作されているのは、ほかならぬコングというモンスターの存在あってのことだろう[*2]。

本作はこれまで、文明／野蛮、男性／女性といった既存の二項対立にもとづく分析がなされてきた。たとえば、黒人を想起させるような描写が、野蛮なコングと黒人を結びつける差別的な見かたを可能にする一方で、コングが白人＝文明を相手に暴れまわる姿はそうした図式を破壊するようにもとれる[*3]。あるいは、都市を暴れまわるコングの姿に、大恐慌下にあった米国の労働者の姿を重ねあわせることも可能だろう[*4]。このように、「完全に空虚な、そうでなくとも、少なくとも包括的なシニフィアン[*5]」としてのコングが自由な解釈を誘引することが、本作が幅広い観客からの支持を集めると同時にさまざまな角度から論じられてきた一因といえる。

＊1
Tino Balio, *Grand Design: Hollywood as a Modern Business Enterprise, 1930-1939* (Berkley: University of California Press, 1995), p.305.

＊2
ジェフリー・ジェローム・コーエン「怪物文化（七つの命題）」上岡伸雄・田辺章訳、『ユリイカ』第三一巻第六号、青土社、一九九九年、六五—六六頁。

＊3
本作の人種表象については、以下を参照。James A. Snead, "Spectatorship and Capture in *King Kong*: The Guilty Look," in *Representing Blackness: Issues in*

こうした内容面が注目を集める一方で、本作はウィリス・オブライエンが手がけた特殊効果でも広く知られている。その功績はとりわけストップモーションの活用に求められるものの、それを画面に登場させるさまざまな合成手法も特筆に値する。それらは、先述の二項対立やリアリティに密接にかかわっており、また本作の重要なモティーフとなる「接触」を映像化するのに大きな貢献を果たしている。しかしそうした多様な合成は、これまで十分に検討されてきたとはいいがたい。

本稿の目的は、本作ひいては特殊効果のリアリティがいかに創出されるかを明らかにすることである。そのために本稿は、接触のモティーフに注目し本作を分析する。そうすることで、これまで本作をめぐる議論において個別に捉えられてきた複数の水準の密接な結びつきが浮かびあがるだろう。以下では、1節で接触のモティーフをジャンルや社会状況の観点から確認し、2節でそれが物語内容だけでなく映像の制作という点でも本作に一貫していることを示す。そして3節で、映画の現実感にかんする先行研究を参照したうえで、本作の特殊効果が織りなす布置について考察する。以上をつうじて、先述の二項対立や本作のリアリティの創出に、最も「素朴な」特殊効果が寄与していることを明らかにしたい。

1　接触のモティーフ

本作の登場人物のひとり、デナムの旅の目的とは、「誰も見たことも聞いたこともないもの」を「撮影」することであり、それゆえ当然ながら、デナムはカメラを持参する。そして、髑髏島へと向かう船上で、アンに対する演技指導がそのカメラをつうじてなされるとき、デナムは見るという行為をめぐって指示を出し、彼女から恐怖の表情を引き出そうとする。やがてコングがはじめて登

Film and Video, ed. Valerie Smith (New Brunswick, NJ: Rutgers University Press, 1997), pp.25-45.

＊4 Noël Caroll, "Ape and Essence," in *Planks of Reason: Essays on the Horror Film*, rev. ed., ed. Barry Keith Grant and Christopher Sharrett (Maryland: Scarecrow Press, 2004), pp.212-239.

＊5 Dan North, *Performing Illusions: Cinema, Special Effects, and the Virtual Actor* (New York: Wall Flower Press, 2008), p.86.

場する場面で、このリハーサルは現実のものとなり、観客は恐怖の対象を見たいという欲求をアンと共有することになる。[*6] これだけでも明らかなように、「見ること」は本作における重要な要素とみなされてきた。そもそも本作がモンスターを描く映画であり、その語源にあたるラテン語"monstrare"が「示す、見せる」を意味することをふまえれば、それは当然のことともいえるだろう。

その一方で「触れること」もまた、本作の重要な要素である。先述したシーンにおけるアンの恐怖は、コングの巨大な手に触れられることで最高潮に達する。その後、コングとティラノサウルスの戦闘シーンにおいても、距離を置いてその様子を見ていたアンがコングにふたたび摑まれるショットが、戦闘を終えて平静を取り戻したかに思えたシーンに恐怖の印象を与えている。こうしたコングとアンの物理的な接触は、コングがアンの衣服を剝ぎ取るシーンや、ニューヨークで部屋の窓からアンを引きずり出すシーンなどでも繰り返し描かれる（図1）。本作の構想を練るなかでオブライエンが描いた巨大な掌に包まれる女性の絵が、ポスターに利用されていることからもわかるように、観客に恐怖を喚起するコングとの物理的な「接触」は本作のモティーフとなっているのである（図2）[*7]。

さらに、本作のジャンルをふまえれば、こうした接触のモティーフは別の水準にも指摘することができる。一九二〇年代に人気を集めた冒険映画は、西洋と非西洋の一方的な遭遇の場として機能していた。やがてその舞台は極寒の地からアフリカに移り、映像はいっそう過激なものへと変化していく。[*8] こうしてアフリカのジャングルで、西洋の観客が抱く「野蛮なアフリカ」というイメージに適う過激な冒険が繰り広げられることになる。[*9] 装飾を施し儀式を執り行う髑髏島の住人の姿や、彼らが奏でる音楽、さらにそこで繰り広げる危険な冒険は、西洋が構築した「アフリカ」を思わせ

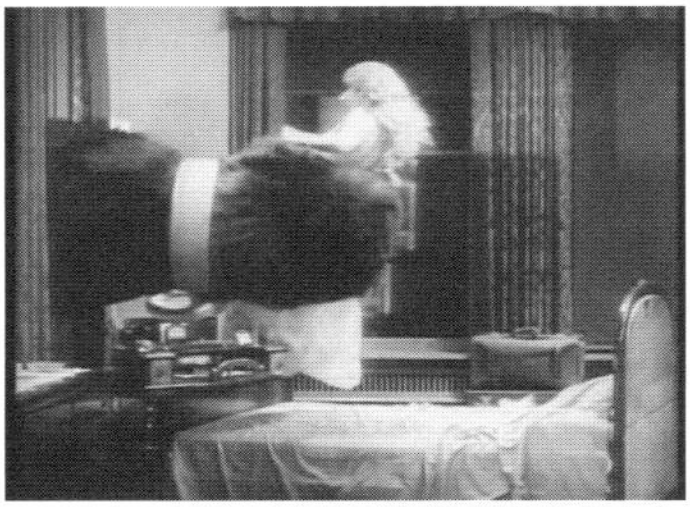

図1 「実寸大」の手に摑まれるアン（『キング・コング』）

*6 J. P. Telotte, "The Movies as Monster: Seeing in *King Kong*," *The Georgia Review* 42, no. 2 (Summer, 1988), pp. 388-398.

*7 このポスター（図2）が作成されたのは撮影が開始する以前であることから、本作の製作に携わる人々にとって「接触」が一貫して重要なモティーフであったことがうかがえる。

るのに十分である以上、本作はジャングル映画の系譜に位置づけられるだろう。[*10]
このジャングル映画において、「触れること」は重要な記号となる。シンシア・エルブは、この点について次のように述べる。

> 手、触れること、身体的な接触の全きフェティッシュ化への言及は、幾度となくジャングル映画の呼び物になったので、触れることをめぐるドラマは、このジャンルが全般的に、接触にかかわるイメージに傾注していることを示す記号となっている。そして、こうした接触は通常、「文明化されたもの」と「自然のもの」、あるいは西洋と非西洋それぞれの代表者間でなされる。慣習的に「文明化」を定義づけるとされている、言語、記号、表象の遍在とは対照的に、触れることという記号は、自然においてそれらの代わりとなるもの、つまりは物理性と身体を強調しているのだ。[*11]

ジャングルという「野蛮な」地では、西洋の規範は通用しない。それゆえ、西洋で長らく下位の感覚とされてきた触覚を介して、西洋は他者と接触を果たす。つまり、ジャングル映画たる本作において、接触のモティーフは西洋と非西洋という水準にも見出されるのである。

そして、その他者が巨大な猿であることが、接触の帯びる意味をいっそう複雑なものにしている。そもそも猿は、人間に近しくも劣るものとして、西洋の文学や絵画の題材に繰り返し利用され、植民地主義下では「人種的な雑婚の脅威」を示す表象でもあった。[*12] アンの衣服を剝ぎ取るコングの表情が、典型的な黒人男性の描きかたを思わせる以上、コングに異種混淆に対する白人の恐怖をみてとることは間違ってはいないだろう。[*13]

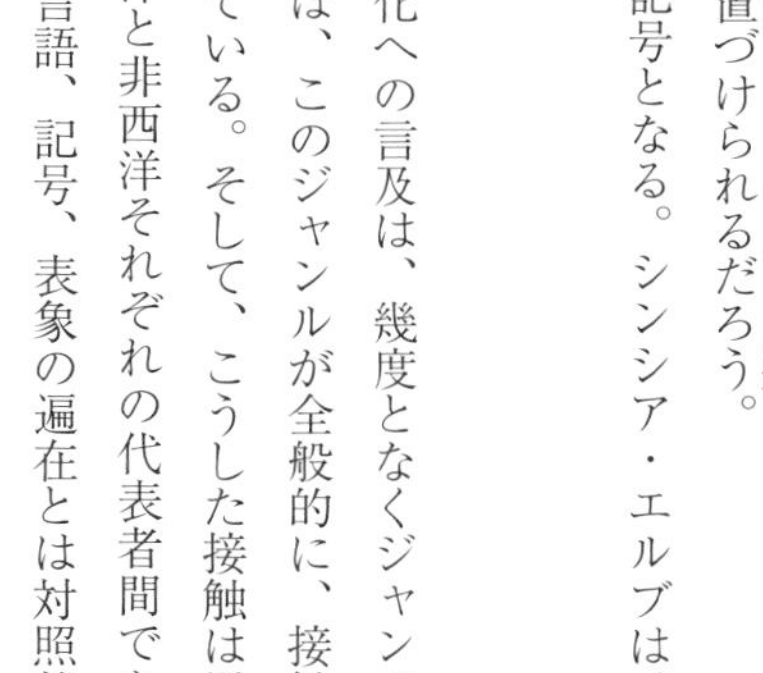

図2 『キング・コング』のポスター (Denis Gifford, *A Pictorial History of Horror Movies*, London: Hamlyn, 1973, p.138.)

*8 探検映画とその民族誌学的な背景については、以下を参照。Fatimah Tobing Rony, *The Third Eye: Race, Cinema, and Ethnographic Spectacle* (Durham and London: Duke University Press, 1996).

その一方で、コングは肯定的なイメージも帯びている。この点を確認するために、米国における優生学思想の流行に目を向けてみよう。帝国主義的な領土拡大は、必然的に他者との遭遇とそれに伴う人種的な多様性と混淆を帝国にもたらした。優生学思想の支持者は、こうした事態を人種的な退廃とみなし、やがて問題解決の糸口を古生物学的な領域に見出す。文化が人種の自律性を阻害すると考え、文明以前の自然に純粋性を求めたのである。[*14] そしてここで注目に値するのが、剝製技師カール・エイクリー(Carl Akeley, 一八六四―一九二六)の存在である。アメリカ自然史博物館に展示される「カリシンビの孤独なオス」の制作で知られるエイクリーが、優生学的な発想にもとづくプリミティヴィズムを推し進めることで、アフリカは、「〔…〕「デカダンス」をもたらす(と考えられていた)移民やアフリカ系アメリカ人の存在から見事に切り離され、逆にそれによって脅かされる白人文明の道徳の伝統の純化された形象として美学化され」る。そして、「もはやゴリラの黒い身体は、他者としての原住民や有色人種から完全に切り離され、白人男性の身体とダイレクトに結びつく」[*15] のである。もちろん優生学思想は、一部の知識層に限られたものであったにちがいない。しかし、アメリカ自然史博物館の展示やエドガー・ライス・バローズ(Edgar Rice Burroughs, 一八七五―一九五〇)の小説などをつうじて、優生学的な発想は大衆的な人気を集めていたといえるだろう。そして何より、アメリカ自然史博物館の学芸員ハリー・C・レイヴン(Harry C. Raven, 生没年不明)が、エイクリーの著書を参照したうえで提供したデータをもとに、クーパーがコングの外形を構想したという事実によって、エイクリーのプリミティヴィズムは『キング・コング』に浮上する。[*16] このようにコングは、他者として位置づけられる人々のみならず、そうした構造を生み出す温床となった白人男性にとっても憧憬の対象だった。いわば、白人とコングの接触は、人種の起源に触れることでもあったのである。

＊9 Rhona J. Berenstein, "White heroines and Hearts of Darkness: Race, Gender and Disguise in 1930s Jungle Films," *Film History* 6, no. 3 (Autumn, 1994), pp.314-339.

＊10 作中では、髑髏島はスマトラ島からはるか南西に位置するとされている。

＊11 Cynthia Erb, *Tracking King Kong: A Hollywood Icon in World Culture*, (Detroit: Wayne State University Press, 1998), p.69.

＊12 西山智則『エドガー・アラン・ポーとテロリズム――恐怖の文学の系譜』彩流社、二〇一七年、八四頁。

＊13 当時の米国では、南部から北部への移民の増加やスコッツボロ事件が契機となり、人種に対す

これまでに確認したように、本作にはふたつの水準で接触のモティーフが認められる。ひとつは物語世界内における登場人物とコングの物理的な接触であり、もうひとつは映画作品を介した西洋と非西洋の接触である。そしてこうした接触は、対立するさまざまな二項間でなされ、齟齬が解消されないままに両者が維持されることを意味している。だからこそコングは、二項対立を撹乱する存在になりうるのである。以下では、二項対立の解釈に終始したり新たな二項を見出したりするのではなく、それを可能にする素地に目を向ける。そうすることで、特殊効果という異なる水準でも、接触のモティーフが見出されるだろう。

2 複数のリアリティ

そのことを明らかにするためには、接触がどのように映像化されているのかを確認しなければならない。本作では、一九七六年のリメイク版『キング・コング』で採用された、コングを模したスーツのなかに人が入り演技を行う方法ではなく、大小さまざまなモデルが利用されている。なかでも最たる方法は、モデルをコマ撮りするストップモーションである。だがもちろん、ストップモーションによってコングや恐竜に生命が吹き込まれたとしても、それは場面に応じて俳優のライヴアクションと組み合わされなければならない。そのため本作では、コングをはじめとする多様なモンスターと、産出過程の異なる複数の映像素材がさまざまな方法で組み合わされている。具体的な場面から合成技法を確認しよう[*17]。

第一の技法は、リアプロジェクションである（図3）。たとえば、一行がステゴサウルスと遭遇する場面では、ストップモーションの恐竜の映像がスタジオ内のスクリーンに投影され、その前で

る意識が高まっていた。Snead, "Spectatorship and Capture in King Kong," p.38. 本作に、典型的な黒人の表象に対する批判的意図を指摘する以下も参照。Thomas E. Wartenberg, "Humanizing the Beast: King Kong and the Representation of Black Male Sexuality," in *Classic Hollywood, Classic Whiteness*, ed. Daniel Bernardi (Minneapolis: University of Minnesota Press, 2001), pp.157-177.

*14 Donna Haraway, "Teddy Bear Patriarchy: Taxidermy in the Garden of Eden, New York City, 1908-1936," *Social Text*, 11 (Winter, 1984-1985), pp.20-64; 宮本陽一郎『モダンの黄昏——帝国主義の改体とポストモダニズムの生成』、研究社、二〇〇二年、三五—三六頁。

*15 宮本、同書、三九頁。

*16 Mark Cotta Vaz, *Living*

演技を行う俳優の姿がライヴアクションとして記録される。この手法では、前景と後景で明暗差が生じるため、後景が投影されていることが際立ってしまう。そこでこの場面では、登場人物が発砲しそれにあわせて投影像内で恐竜が反応を示すことで、あたかも両者にインタラクティヴィティがあるかのように偽装されている。[*18] それによって、複数の存在が同一の物語空間にあることが示されるのである。

第二に、いっそう複雑な合成が可能なトラヴェリング・マット（ウィリアムス・プロセス）が挙げられる（図4）。コマごとにマットを作成するこの技法は、正確な合成が可能であるものの、マスクの境界が曖昧になり映像の質の差異が少なからず目立つこともある。コングが門を押し開ける場面のような、被写体の動きが激しい場合にそれは顕著になり、ここでも逃げ惑う人々の周りに輪郭（マット・ライン）が出ていることがわかる。

そして第三の技法が、オブライエンが考案した「ミニチュア・リアプロジェクション」である（図5）。この技法は先のふたつに比べ、複数の要素の合成を最も柔軟に叶えられる。アンを追ったドリスコルの前で、コングと恐竜が戦いを繰り広げる場面では、モデルをコマ撮りするのにあわせ、ミニチュア・セット内の小さなスクリーンに、予め撮影しておいた映像が一コマずつ投影される。さらに、透明なガラスに絵を描くグラスショットや、手描きで背景を作成するマットペイントも利用され、すべてが重なり合うことで、ひとつの物語空間が構築される。

こうした技法はいずれも、産出過程に起因する差異をもつ複数の素材を組み合わせることで、空間的ないし時間的な首尾一貫性の感覚を生み出している。しかし、そこで生じる現実感はそれぞれ

図3　リアプロジェクション（*RKO Production 601*）

Dangerously: The Adventure of Merian C. Cooper, Creator of King Kong (New York: Villard Books, 2005), p.227.

＊17
各場面の特殊効果の同定には、以下を参照した。Ray Morton, *King Kong: The History of a Movie Icon from Fay Wray to Peter Jackson* (New York: Applause Theatre & Cinema Books, 2005), pp.59-74; *Cinefex 7* (January 1982); *RKO Production*

に異なる。たとえばリアプロジェクションは、ライヴアクションと投影像の境界が顕著なため、映像の首尾一貫性という点ではほかの技法に劣るが、そのぶんインタラクティヴィティの偽装という異なるしかたで現実感を生じさせる。その一方で、トラヴェリング・マットやミニチュア・リアプ

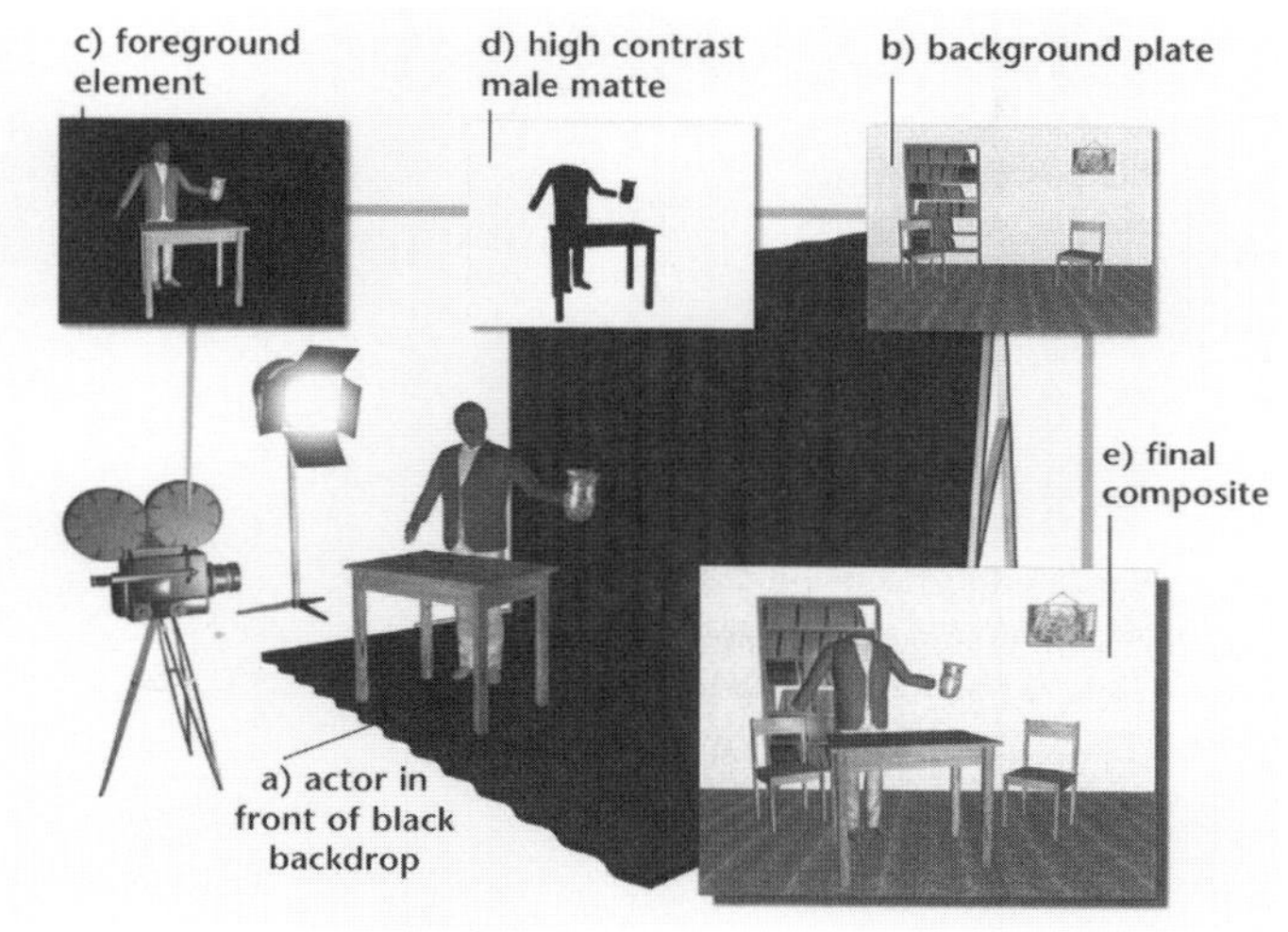

図４　トラヴェリング・マット（Richard Rickitt, *Special Effects: The History and Technique*, New York: Billboard Books, 2000, p.46.）

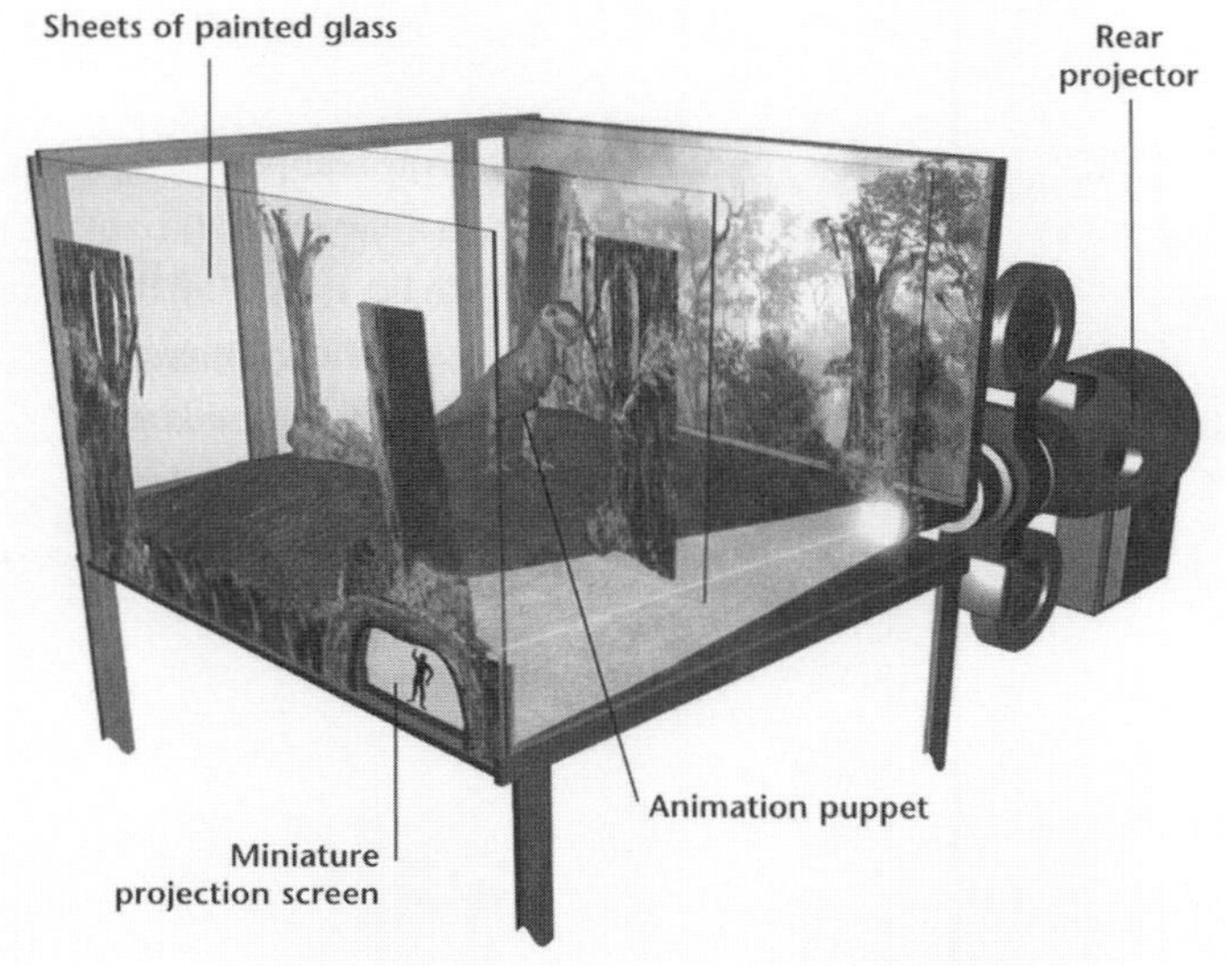

図５　ミニチュア・リアプロジェクション（Rickitt, *Special Effects*, p.155.）

601: *The Making of Kong, the Eighth Wonder of the World*, written and produced by Phil Savenick, 2005.

ロジェクションは、合成の痕跡の隠蔽という点では秀でているが、映像素材が別々に記録されるためインタラクティヴィティの程度は低い。

そして、以上のような複数のリアリティの混在は、本作を手がけたクーパーとシュードサック、そしてオブライエンとの齟齬にも敷衍することができる。クーパーとシュードサックはドキュメンタリー映画の制作から出発し、やがて冒険映画へとその足場を移した。彼らは、現実をリアリスティックに描き出す映画に、フィクションの要素を増大させていったのである。当時の広告記事のなかでクーパーは、「哺乳類や爬虫類の祖先は、既知の事実にきわめて正確なので、それらは世界で最も科学的に価値のある古生物学のコレクションを形成している[*19]」と述べている。この発言からわかるように、彼はあくまで本作が科学的なものとして捉えられることを望んでいたのである。その一方で、恐竜をはじめとする古生物を一貫して映像化し続けてきたオブライエンは異なる認識を抱いていた。オブライエンは本作の特殊効果について、次のように述べている。

> ミニチュアの動物は、ミニチュア・セット上の、人を映した投影と組み合わされ、説得力のある光景を創り出す。その目的は、映画を観に行く人々を欺くことではなく、かつては不可能だった新しいものを提供することにある。芸術的でリアリスティックな効果を最大限得られるショットの着想と実現に必要とされる、真に創造的な能力を、公衆が理解し、称賛するようになることをわたしは信じている。[*20]

つまり彼は「けっしてリアリズムを目指しておらず[*21]」、コングや恐竜が作り物であるとわかったうえで鑑賞されることを望んでいたのである。本作における複数のリアリティのありかたは、制作

＊18 こんにちインタラクティヴィティという語は、きわめて多様な用法をもつが、本稿では「少なくともふたつ以上の存在物間のアクティヴな関係性」を示すものとしてもちいる。Peter Mechant and Jan Van Looy, "Interactivtiy," in *The Johns Hopkins Guide to Digital Media*, ed. Marie-Laure Ryan, Lori Emerson and Benjamin J. Robertson (Baltimore: Johns Hopkins University Press, 2014), p.302.

＊19 Quoted in *Performing Illusions*, p.83.

＊20 Willis O'Brien, "Miniature Effects Shots," in *The Girl in the Hairy Paw: King Kong as Myth, Movie, and Monster*, ed. Ronald Gottesman and Harry Geduld (New York: Avon Books, 1976), p.184.

＊21 Jean Boullet, "Willis O'Brien, or

者が映画制作に抱く志向性のちがいにも起因するのだ。

以上のように、本作における接触のモティーフは、複数の映像素材を組み合わせる特殊効果の水準にまで及んでいることがわかる。本作では、他者との接触がそうであったように、特殊効果とそれがもたらすリアリティもまた、齟齬を孕んだままに接触を果たすのである。ただし、そうした齟齬は必ずしも、本作の特殊効果が稚拙でありそれゆえリアリティを欠くということを意味しない。複数のリアリティは、互いに齟齬を含み持ったまま新たなリアリティを創出するからだ。

the Birth of a Film from Design to Still," trans. Madelein F. Wright in *The Girl in the Hairy Paw*, p.108.

3　接触の／とリアリティ

では、それはいかに実現しているのか。ここで映画の現実感について議論に補助線を引いておこう。トム・ガニングによれば、従来の映画理論は、映画のリアリズムや現実感を論じるにあたり、過度に「インデックス性」に依拠してきた[*22]。映画の物質的基盤となるフィルムに残された像＝記号は、対象と直接的な因果関係を結ぶ。フィルムのこうした特性が、C・S・パースの記号論がもつ本来の意図が看過されたまま映画に結び付けられてきたのである。しかし、デジタル映像が普及し、「映画」がアニメーションという別のジャンルに包括されるような事態を前に、インデックス性を足場に映画を論じることはすでに限界を迎えている。そこでガニングが参照するのが、クリスチャン・メッツの論考である。

メッツによれば、映画に強い現実感を覚えるのは、ほかならぬ運動が原因であるという。映画と同様に高い再現性を誇る写真であっても、わたしたちは諸対象の表象を模造であると感じる。なぜなら、「触覚の基準、「物質性」の基準」が「世界を対象と写しとに分割する」からである。しかし

＊22
Tom Gunning, "Moving Away from the Index: Cinema and the Impression of Reality," *differences* 18, no. 1 (2007), pp.29-52.

映画は、写真に比べて「一つ余計に多い現実性の指標」、すなわち運動をもつ。そして運動はその性質上、模造することができない。

> 運動は決して物質的ではなく、とにかく視覚的であるので、運動の光景を模造することは、その現実性を模造することである。実は、運動は「模造する（reproduire）」ことさえできないのであって、ただ再生産（re-produire）できるのみであり、そしてこの第二の生産は、運動を観る者にとっては第一の生産と同じ現実性の次元にあるのだ。[*23]

つまり観る者にとって、映画における運動とその対象は区分されず、それゆえ映画は写真以上に強い現実感をもつのである。

メッツの議論にしたがえば、たとえ実在しないコングであっても、それが運動するかぎりリアリティをもつことになる。しかしながら、ストップモーションによって生みだされる運動の多くはぎこちなく、その映像がライヴアクションの映像と合成されると、両者の運動の質の差異が前景化される。それでも、観客は未知の生物がどのように動くかを知らず本作で示されるものが基準になるため、そのぎこちない動きに対してこそリアリティを覚えるのである。[*24]

そして本稿にとってメッツの論考が重要となるのは、運動という観点が導入されることに加え、映画の現実性の原因が、「知覚される対象」（映像）の側だけでなく「知覚の側」（観客）にも求められていることにある。メッツが繰り返し「融即（participation）」[*25]という語をもちいていることからもわかるように、映画の現実感はその「現実性の指標」によって誘引され、観客が「現実性」を与えることで実現している。このことは、「現実性の、転移」と言い換えられ、それには「感情、

＊23
クリスチャン・メッツ「映画における現実感について」木村建哉訳、『映画における意味作用に関する試論』浅沼圭司監訳、水声社、二〇〇五年、二九頁。

＊24
当時のレヴューでは、コングの動きに対する違和感とやがてそれに「慣れる」ことが述べられている。Joe Bigelow, "review of *King Kong*," *Variety*, March 6, 1933.

知覚、知性の活動全体」が含まれるという。つまりメッツにとって運動は、映画の現実性をもたらす諸要素の先頭にくるものにすぎない。先述のインタラクティヴィティも、運動がなければ感知されえないように、あくまで運動は複数の現実性に通底する地のようなものとされているのである。したがって、映画の現実感をめぐる考察にあたっては、地の上に成り立つ図にも注目しなければならない。本稿の目的に即していえば、特殊効果がもたらす現実感とは、進行する観客の「感情、知覚、知性の活動全体」が、それぞれのショットだけでなく、複数の合成技法それぞれのリアリティと織りなす布置のなかに立ち現れるものなのである。

前節までに明らかにしたように、本作では物語内容に加え、映像素材、特殊効果、制作者の志向性というそれぞれの水準で、複数の要素が齟齬を孕んだままに組み合わされていた。特殊効果の水準でいえば、ライヴアクションとすでに記録された映像をはじめ、写真的なリアリティとインタラクティヴィティのリアリティ、そしてモデルが「本物」のように動くというリアリティが混在し、それらは時に矛盾にさえ思えるほど複数のリアリティを本作にもたらしている。これらは、眼前に広がる光景がカメラの前で実際に起きたかのように思わせる一方で、実在しないコングが俳優の前で不気味な動きを繰り広げているその光景がいかに実現しているのかという思いを観客に抱かせる。*26

こうして観客は、映画というメディウムの透明性と可視性のはざまで、複数のリアリティに揺さぶられる。そのなかで、物語上の設定にあわせて「実寸大」でつくられたモデルが突然挟まれるとき、観客は情動的な反応を引き出され強い衝撃を受ける。まさしく、アンを掌に乗せるとき、「いまここで」物理的な接触を実現するコングの巨大な手のモデルが、映画前的《プロフィルミック》なリアリティをもつからである。そしてそれをつうじて、コングは他者として位置づけなおされ、種々の特殊効果間の齟

＊25 L・レヴィ＝ブリュル（Lucien Lévy-Bruhl 一八五七―一九三九）は、文明化された西欧とは異なる未開社会の心性について考察し、その原理を「融即律」と呼んだ。この論理では「それ自身であると同時にまたそれ自身以外のものでもあり得る」ため、文明社会の論理構造では不合理とみなされるような状態や現象が成立する。レヴィ＝ブリュル『未開社会の思惟 上』山田吉彦訳、岩波書店、一九五三年、九五頁。

＊26 RKOが制作した広告では、特殊効果の詳細は明らかにされておらず、虚偽の方法（スーツの利用）が記されていた。

齬そのものが特殊効果のリアリティとなる。

本作におけるコングとの接触とは、恐怖と愛情、忌避と憧憬といった両義的なものだった。このことは、たんに社会背景や物語内容に起因するのではない。そうではなく、複数のリアリティの布置のなかで、映画前的なリアリティが情動的な反応をもたらすことで現れる、特殊効果のリアリティによって成立しているのである。こうして絶えずかたちづくられる布置のなかで立ち現れる本作のリアリティとは、それぞれの特殊効果に還元されるものではない。最も「単純な」実寸大のモデルは、本作を動機づけると同時に、物語そして映像における複数の要素を異質なままに縫い合わせるという、合成のリアリティを実現しているのである。

おわりに

二〇〇五年に再び製作された『キング・コング』のリメイク版では、コングはCGIで制作され、風に揺れる毛並みに至るまで滑らかな動きをみせながらライヴアクションと合成されている。本作のように、実写とも見紛うCGIが精緻にライヴアクションと合成される現在にあっては、映像間の隔たりはもはや感知されないようにも思える。しかしこうした考えもまた、ショットの水準で映像のリアリティを捉えているにすぎず、いっそう広い視座にたてば、合成とそれによってもたらされるリアリティは、なお複雑な問題として残されていることがわかる。

二〇〇五年版のプロットはオリジナル版とおおむね同一であり、本作にも接触のモティーフが見出される。ただし、オリジナル版で受動的な存在だったアンは、自らコングとの交流を図るほど能動的な存在として描かれている。ニューヨークで劇場から脱走したコングに対し、アンは自らその手に触れる。ここでCGIのコングは違和感なくアンと同じ物語空間を占めており、接触が両者間のインタラクティヴィティを偽装してもいる。しかし、たとえこの場面が写真的なリアリティをもっていようとも、その映像が合成されたものであることは看過されえない。なぜなら現代の観客の多くが、コングがＣＧＩによる不在の対象であることを知っているからである。

それでも、本稿がこれまでに示したように、作品をつうじて特殊効果が観客とかたちづくる布置のなかでこの場面を捉えれば、異なるリアリティが立ち現れることになる。コングの制作に利用されたモーションキャプチャは、俳優の顔の動きまでもデータとして計測する。そのためコングの表情は感情が読み取られるほど多様で、コングはより人間に近い存在として描かれている。この場面に至るまで、感情豊かなコングとアンの交流を見届けてきた観客は、アンの行動を愛情を示すものとして受け取るだろう。こうしてアンによる自発的な接触は、モーションキャプチャによって可能になったコングの人間らしさに動機づけられることで、ＣＧＩという不在の対象が「いまここに」あることを示し、映画前的なリアリティを生み出すのである。

このように、「未熟な」特殊効果のリアリティを検討する本稿の議論は、合成の痕跡が判別しがたい映像が本来的に含み持つ齟齬に改めて目を向けさせる。ただしもちろん、合成要素としてのＣＧＩそのものについてはさらなる検討が必要だろう。デジタル視覚効果が独自の「強度」をもつならば、観客の「活動」はそれにどのようにかかわるのだろうか。この点については稿を改めて論じたい。

研究論文

批判的常識主義に基づくパースの知覚論——直接知覚と間接知覚をつなぐ二重のアブダクション

佐古仁志

はじめに

パースは「知覚判断はアブダクティヴな推論の極端な事例と見なされる」（CP.5.181）[*1]と述べる一方で、「私が今まで言ってきたことは、外的世界に関する直接、あるいは無媒介の、知覚の教理の正しさを含意する」（CP.5.539）とも述べている。ハーク（Haack 1994）はこのようなパースの知覚論をパースの「批判的常識主義（critical common-sensism）」を参照することで、間接知覚論か直接知覚論かの二択ではなく、それらを統合する第三の選択肢と見ている。

本稿の目的は、ハーク（ibid.）の議論を導きの糸に、パースの知覚論を批判的常識主義との関係で考察し、現代の心理学、認知科学、神経科学などの観点から展開することにある。特に、批判的常識主義と、「知覚像（percept）[*2]」「知覚判断（perceptual judgment）」「知覚体（percipuum）」について検討し、パースがその成熟した知覚論でどのように直接知覚論と間接知覚論を統合しているのかを明らかにする点、近年の心理学（認知科学）や神経科学を踏まえつつ、知覚におけるアブダクションの役割を考察し、展開する点に特徴がある。

＊1　慣例に倣い、Collected Papers of Charles Sanders Peirce. Vol. I ~ VIII. Harvard University Press. 1934-1958 の巻数とパラグラフ・ナンバーであらわしている。

＊2　percept の訳語を「知覚像」にしているため表象と誤解されるかもしれないが、既訳を尊重し、ハーク（Haack 1994: 23）の「非表象的な像（non-representational image）」という意味で「知覚像」という訳語にしている。

1　批判的常識主義

パースの成熟した知覚論の基礎となる批判的常識主義を確認することから始めよう。批判的常識主義は、パースがトマス・リードの常識主義の哲学とカントの批判哲学を融合させることで提唱した立場である。ロビン（Robin 1964: 271-273）はその要点を、命題のなかには「疑う余地がないもの」があるということを受け入れる立場である信頼主義と、真なる疑念を常に免れる命題があるということは保証されないという可謬主義との対立の克服に見ている。

この一見対立する立場が批判的常識主義において両立するのは、パースにおいて「疑う余地のなさ（常識）」が絶対的な確実性を意味するのではなく、「真なる疑念からの自由」を意味するにすぎないからである。つまり、「疑う余地がない」というのは、自発的に疑うことができないということではなく、信念を抱くことを妨げる「驚き」、さらにはそのような「驚き」に基づいてなされる「精査（批判）」のようなものをまだ経験していないにすぎないということである。この点で、批判的常識主義は、常識を前提にしながらも（常識主義）、「驚き」のような外部からの衝撃により常に疑念にさらされる可能性（批判主義）、さらにはそのような疑念からアブダクションが開始され、常識が改訂される可能性を秘めている。[*3]

ハーク（Haack 1994: 9）はこのような批判的常識主義に基づくことで、実在論的知覚論（直接知覚論）か推論主義的知覚論（間接知覚論）を選択するという二分法がそもそも間違いであり、両方が必要とされていると主張する。

＊3　アブダクションならびにその「驚き」との関係については、佐古（2018）を参照のこと。

2　三つの中心概念

まずパースの知覚論の中心概念である「知覚像」「知覚判断」「知覚体」とその関係を確認しておこう。ハーク（Ibid.: 11–13）は、パースの知覚に関わる記述を外的な事物や出来事と関わる側面（CP.7.639, 8.144 ほか）と、解釈的側面（CP.5.183, 7.632 ほか）とに区別したうえで、前者のように「外的事物や出来事との直接的な関係に関わる」ものを知覚像と、後者のように「不可避的に解釈的である」ものを知覚判断とし、その二つが組み合わされたものが知覚体であると考える（図1）。

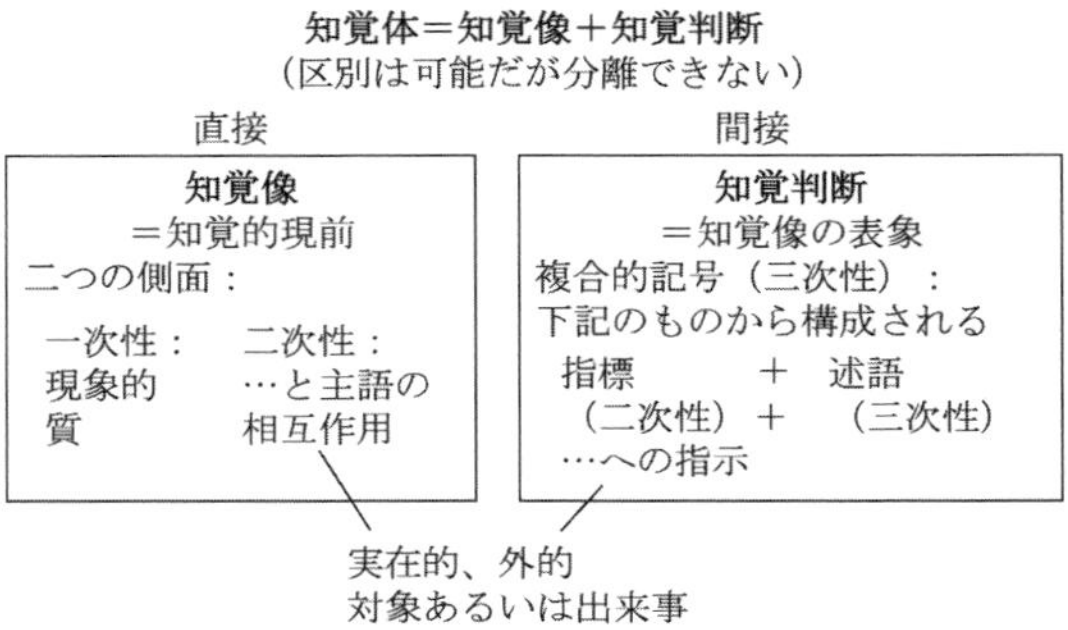

図１　知覚体の構造（Haack 1994: 19）

a　知覚像

この区別において知覚像は、カテゴリー的には、現象的質である一次性と、主語と外的世界との相互作用としての二次性の組み合わせからなる（CP.5.53, 5.539, 7.632）ものであり、特に、その二次性は、自我と非自我（CP.5.53）、内と外の相互作用（CP.5.539）といった二重性（の意識）に関わり、知覚が持つ非自発性、強制性、他者性という特徴を示す。また、三次性を欠いていることから知覚像は非命題的であり、そのため幻覚でさえ偽ではありえず（CP.7.658）、表象〔再現前〕（*re*presentation）ではなく、現前（presentation）ということになる（CP.5.607）。

加えて、バーグマン（Bergman 2007）は、パースにおける現前（知覚像）を「力動的対象（dynamical object）」[*4]と考え、理性的要素を持たない、つまり部分の集まりとしてではなく、あるまとまりとして強制的に現れてくるものと特徴づけている。

b　知覚判断

他方で解釈的とされる知覚判断は命題構造を持っており、その主語が指標的な表現であるという点で二次性と、その述語が一般名辞であるという点で表象（三次性）と関わる（CP.7.632, 7.635）。つまり、知覚判断は、知覚像の心的記述あるいは「諸感覚からの証拠の速記的報告」（CP.2.141）であり、知覚像と指標的関係にある。それと同時に、未来の自己〔予期〕のために（CP.7.630）過去の記憶とのある種の内的対話に依存しながら（CP.5.421）、そのような主語（知覚像）にどのような述語を与えるかという点で解釈的、可謬的であり、そのため仮説的な推論（アブダクション）にもとづくことになる。

また、ティエルセリン（Tiercelin 2005: 395）が指摘しているように、「一般性の知覚は一般的要素や特徴の知覚というよりも一般的な分類や形式の知覚であ」り、知覚判断における解釈的側面のポイントは知覚像の分類にある。[*5]

c　知覚体

知覚像と知覚判断を組み合わせたものとしての知覚体について確認しておきたいのは次の二点である。一点目は、パースが何かを知覚すると述べるときにその念頭にあるのは、知覚体であり、

＊4
「力動的対象とは記号において表象されているものではなく、その表象作用を引き起こすものである。〔…〕しかしながらパースは、力動的対象は心の外部になければならない、と仮定しないように彼女〔ウェルビー夫人〕に注意している」（de Waal 2013: 86）とあるように、図1、図2の知覚像を力動的対象と考えることに問題はない。また、パース自身、知覚像は「単純に私の魂の玄関をノックする」（CP.7.619）と表現している。この点に気づかせてくれたことを匿名の査読者に感謝したい。

＊5
ティエルセリン（Tiercelin 2005）はパースとギブソンの類似性を指摘しており、ここにパースの知覚論と生態心理学のメインテーゼのひとつである知覚の差異化・分化（Gibson 1986）との共通点を見ることができる。

「知覚像と知覚判断は区別することはできるが、分離することはできない」（Haack 1994: 19）という点である。そして、二点目は、バーグマン（Bergman 2007: 69）が論じているように、知覚像が「力動的対象」であり、いわゆる「気づき（awareness）」の対象であるのに対し、知覚体は「直接的対象（immediate object）[*6]」であり、いわゆる「意識（consciousness）」の対象であるという点である。

3　パースにおける直接知覚と間接知覚とその統合

ハーク（Haack 1994）は、知覚像にあたるものを直接知覚に、知覚判断にあたるものを解釈された知覚（間接知覚）へと対応させる。そのうえで、それぞれを直接知覚論で知られるギブソンの生態心理学と、仮説としての知覚で知られるグレゴリーの心理学の観点から考察し、知覚体における両者の統合を主張する。[*7]

また、バーグマン（Bergman 2007）は、パースの一八八〇年代の知覚論が表象主義（representationism）〔間接知覚論〕であるのに対し、一九〇三年以降知覚論は現前主義（presentationism）〔直接知覚論〕により近いものへと変化したと主張する。特に、一九〇二年における記述（CP. 5. 607）を参照し、表象主義〔間接知覚論〕と現前主義〔直接知覚論〕との相違点を、①知覚像が背後にある何か（何かより根本的な実在性）を表象するか否か、②センス・データという考えを受け入れるかどうか、③二重の意識を知的（推論的）であると見なすかどうか、④外的世界にあるものは原子やそのエネルギーなどであるという理論を、知覚像が表象する事実の言明と見なすのか、あるいは知覚像をまとめあげあるのに適した公式と見なすのか、という四点に見て

＊6　「直接的対象はその存在を「記号における表象作用」に依存している」（de Waal 2013: 86）。

＊7　ウィルソン（Wilson 2016: 202, 229n17）も同様に、知覚像をギブソンの心理学（ボトムアップ式の知覚論）に関わるものとして、他方で知覚判断をグレゴリーの心理学（トップダウン式の知覚論）に関わるものとして考えることで、パースの知覚論にその両方の側面があると指摘している。

いる（Bergman 2007: 57）。

さらに、ウィルソン（Wilson 2017）は、知覚像が強調される知覚を、英語が母国語でないものがアメリカやイギリスに行った時の知覚として、他方で知覚判断が伴った知覚体を母国語での知覚と例示している。そのうえで、彼はこの知覚に対する考えが、まさに常識主義の哲学の知覚論と同じ考え方であり、違いは知覚像の強調にあると指摘する。つまり、パースは批判的常識主義を採用することで知覚像に対する知覚判断が偽である可能性を認めている点で、すなわち、直接知覚の訂正可能性を認める点で常識主義とは異なるということである。

特にウィルソン（Wilson 2012: 170）は、このような主張のなかでパースによる一般性（三次性）の直接知覚を、三次性そのものではなく、三次性の事例を直接知覚すると解釈することで擁護する。そして、このウィルソンの議論の要点は、ドゥスティエ＝プルー（Dostie Proulx 2016: 64）が述べているように、①どうやって知覚像と外的対象とのつながりを説明できるのか、②パースの知覚論における解釈の役割をどのように考えるべきか、の二点にある。

ドゥスティエ＝プルー（Ibid.: 64-67）は、①の問いに、知覚像は知識に寄与するものであるという点で認識論的観念（epistemological notion）であり、知覚像が個物的な属性のみをもつと限定する必要はないと答え、②の問いに、知覚判断の要点を先に見た議論（Tiercelin 2005: 395）と同様に「識別」という行為にあると答える。その結果、知覚体は、（強制的に課された）知覚像という外的対象の「現われ（appearance）」が、知覚判断と指標的な関係で結ばれることで、ひとが知覚像を区別する際のタイプということになり、ハークの図式（図1）をウィルソンのアイディアを踏まえて次のように展開する（図2）。

以上からわかるように、パースの成熟した知覚論は、知覚像を強調するか、知覚判断を強調する

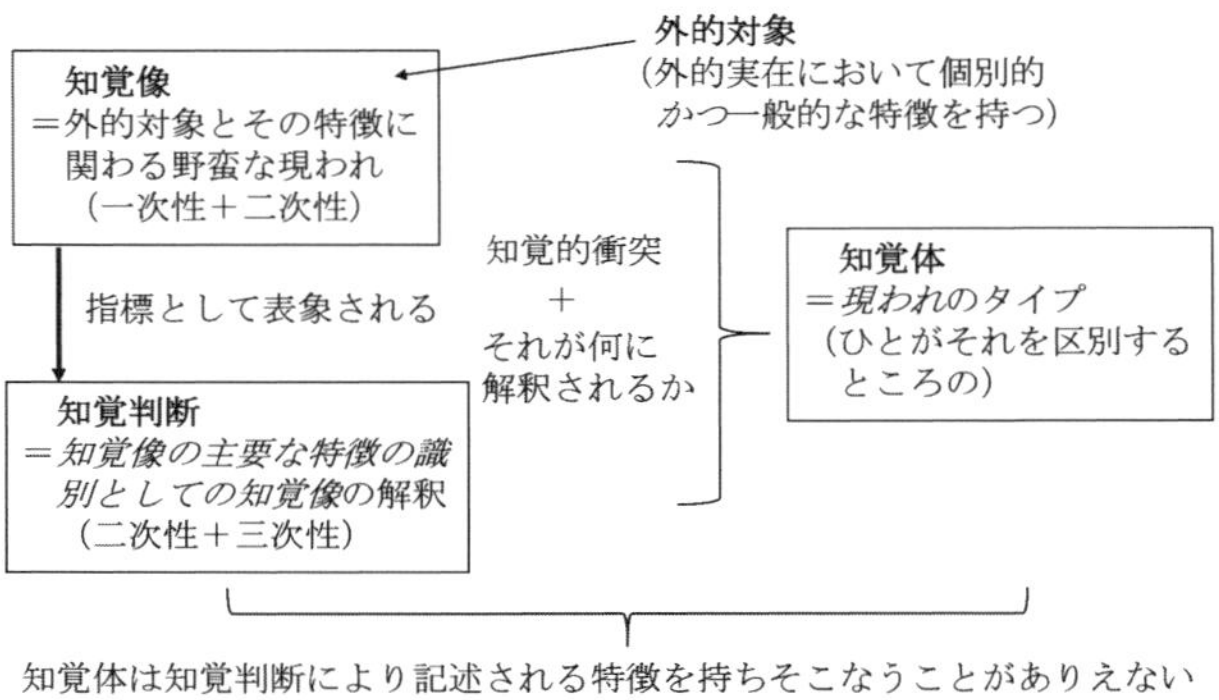

図２　知覚体の構造２（Dostie Proulx 2016: 67）

かにより、直接知覚論とも間接知覚論とも考えられる。しかし、言葉がわからない海外での生活においても私たちはある種の知覚判断は行っているのであり、それは強調点の違いにすぎない。つまり、パースの知覚論は批判的常識主義により直接知覚と間接知覚とを統合した知覚論になっている。

また、この点で「知覚判断はアブダクティブな推論の極端な事例と見なされる」（CP.5.181）という言葉を理解できる。つまり、ハーク（Haack 1994）やウィルソン（Wilson 2017）は述べていないものの、知覚体を構成する知覚像と知覚判断との指標的な関係は暫定的な仮説（アブダクション）にすぎず、その関係は安定して見えるとしても、あらたに課される別の知覚像などによる改訂の可能性を常に秘めているということである。

4　パースの知覚論の言語の外への展開

以上で見てきたパースの知覚論、特に直接知覚論の側面への批判を検討する必要がある。それは言語論的転回以降の哲学者たちにより指摘される言語の問題、つまり、言語を媒介にしないような直接知覚はありえないという指摘と、アブダクションには言語が必須のものであるという指摘である。

a　認知科学的展開

アトキンス（Atkins 2017）はプラグマティズムの三つの砥石命題[*8]に後から付け加えられた、知覚判断は意識によっては十分に制御されてはいないが、そこにはアブダクティヴな推論（あるいは似たもの）が働いているという四つめの命題（CP. 5. 181）の分析からアブダクションを言語外へと拡張する可能性を提示している。

アトキンスによる四つめの命題の解釈の要点（Atkins 2017.: 26）は、①センソリモータカップリングに意識的には制御できないような介入がなされるとき〔感覚システムと運動システムの統合に外部から衝撃が加えられるとき〕、知覚像がアブダクティブな推論により導出されるという主張と、②そのように生みだされた知覚像に対し、同様に意識的には制御できないような介入がなされるとき〔驚きのような衝撃が加えられるとき〕、知覚判断が生じるという主張である。つまり、運動と感覚との認知科学的な結びつきからある種のアブダクションにより知覚像が構成され、またそのように構成された知覚像からいわゆるアブダクションにより知覚判断が形成されるという二重のアブダクションがなされているという指摘である。

第一のアブダクションについて、アトキンスは錯視や共感覚、認知的浸入といった認知科学の事例との関係で説明しているが、非言語的なタイプのアブダクションについての考察（佐古 2018）を踏まえることで要点が明確になる。つまり、第一のアブダクションの要点は、予期が外れることに伴う驚きによりあらたな予期が開始されることにあり、ネコが動いているネズミをとらえること

＊8　「最初に感覚の中になかったものは知性の中にはない〔…〕知覚判断は一般的な要素を含む〔…〕アブダクティブな推論は明確な境界線を持たずに知覚判断になる」（CP. 5. 181）。

ができるようには、予期することには必ずしも言語は必要ではない。その意味でセンソリモータカップリングが壊れる時、つまりは予期が外れることにより運動と感覚との間に齟齬が生じる時、非言語的なアブダクションが開始することになる。このことはアトキンスも指摘するように（Atkins 2017: 208）、パースが知覚体をそもそも想起と予期を含むものと考えていたということにより補強される。

また、この点と「私たちのあらゆる知識は知覚判断に依拠する」（CP. 5. 142）というパースの主張を合わせることで、二種類のアブダクションについて興味深い結論を導き出すことができる。すなわち、通常の言語的なアブダクションが、言語的な知識（予期）とのずれによるという点で言語習得という発達に伴い生じるのに対し、非言語的な（第一の）アブダクションは、進化というより長いスパンで蓄積されてきた感覚・運動的な予期に対するずれとして生じるということである。その意味で私たちの知覚体は、自分の個人的な経験だけでなく、生命の進化の系譜を引き継いだ広い意味での「習慣」として形成されているのである。[*9]

b　神経科学的展開

別の展開としてソレル（Sorrell 2015）によるパースにおける「あらたな」無意識とその神経科学的基盤についての考察が挙げられる。ソレル（ibid.: 460-461）は、パースはフロイトとは違う形で「無意識」について論じており、このような「あらたな」無意識が神経科学の研究成果と結びつくことでパースの直接知覚の説明に寄与すると主張する。

ではパースにおける「あらたな」無意識とはどのようなものであろうか。それは現在では強制選択実験と呼ばれる、意識的には識別できないものであっても選択を求めることで、偶然より高い確

＊9
もちろん非言語的な第二、第三のアブダクションがありうることは指摘しておく。また、パースにおける「習慣」については佐古（2014）を参照のこと。

率で正解を選ぶという実験を通じて明らかにされたもの、つまり、意識的な心からは逃れてしまう知識を無意識の心が持っているという主張である。そして、パースはこれが自然淘汰による試行錯誤により獲得された（CP.7.21-35）と考えている。

ソレル（Sorrell 2015: 466）はラマチャンドランによる盲視研究に依拠することで、視覚に寄与する回路に、「どこ（where）」を特定する「古い経路（old pathway）」と、「いかに（how）」（経路1）、「何（what）」（経路2）、「それで（so what）」〔情動を示す〕（経路3）をそれぞれ特定する「新しい経路（new pathway）」の三つがあることを確認する。そのうえで、古い経路と経路1、経路3により知覚像が全体として把握され、経路2により知覚判断がなされ、これらすべての経路が利用されることで知覚体が把握されると主張する。この主張は、詳細を追う必要はあるが、神経科学的観点から言語によらない知覚像、知覚判断、知覚体の把握ができる可能性を示している。

5　パース的観点からの直接知覚論の再考

以上のようにパースの知覚論、特に、アブダクションを言語の外へと連れ出すことにより、ハーク（Haak 1994）が常識主義という共通点などを示唆するにとどまっていた生態心理学（直接知覚論）との関係を先へと進めることが可能になる。

まず本稿との関係でギブソンの生態心理学（直接知覚論）（Gibson 1986）をまとめるならば、①行為者（エージェント）は推論や計算などを行うことなく、環境中に存在するに行為の可能性としてのアフォーダンスを利用することができる（例：ある程度の広さと平らさを持った地面は歩くことをアフォードする）、②アフォーダンスは生態学的情報（環境中の構造）により特定される

（例：視界の変化のパターンから対象が近づいているかどうかを知覚する）、③このように環境の側が豊かなアフォーダンスや情報を備えているので行為者は推論や計算により環境に何かを付け加えるのではなく、どれが利用できるのかについて環境を差異化・分化する必要がある、というものとなる。

　染谷（2017）は、このような直接知覚論に提起される種々の問題をとりあげ、解決を図っているが、ここでは紙幅の関係から表象ハングリー問題（表象が不可欠と思われる問題）[10]のいくつかと知覚錯誤の問題に焦点を当て、パースの知覚論からの提案をする。

　染谷が指摘するように、ギブソンの批判者たちは、ある料理を食料から加工して作る場合のような「不在である環境事態に定位しながら、それらを未来の時点で環境内に登場させるための行動の調整」（Ibid.: 216）や、アカゲザルの毛繕いを支える社会階層に関する知識などについて表象が不可欠であると論じることが多い。それに対し染谷（2017.: 216–222）は、それらの課題は、すでに環境中にある情報を組み合わせとしての高次の情報を利用することで特定できると主張する。特に、社会階層のような非法則的性質とされるものについて、グッドマンの「投射可能性」を利用することで、普遍的ではないにしても、ある期間ある範囲で安定して存在する構造の情報を提供できると述べている。

　この染谷による「投射可能性」の示唆は、アブダクションとグッドマンの「投射（可能性）」との関連を考慮することで、パースの知覚論との発展的統合を可能にしてくれる。アブダクションは、「発見の論理」とされる「創造的アブダクション」と、「最良の説明への推論」とされる「選択的アブダクション」とに分類することができる。そして「投射（可能性）」は、法則の発見のように帰納的なもの、アナロジーのように構造的な類比によるもの、様々な要素の組み合わせによるも

＊10 生態心理学は表象が不可欠ではないと主張しているだけであり、表象や間接知覚があることを否定しているわけではない（Gibson 1986）。

のからなる「創造的アブダクション」に関わる。

詳細についてはすでに論じたことがある（佐古 2018）ので要点だけ示すならば、複数の材料を組み合わせることであらたなものを仮説的に推論するという点において、染谷の主張はまさに「創造的アブダクション」（の一部）であると言えるし、「投射可能性」とアブダクションとの関係で論じるならば、このような一定の時間的空間的に安定した構造を利用できるのは、すでに投射されたことがあるという履歴を重視するという「習慣の守り」があるからということになる。

以上のことによりさらなる提案が可能となる。染谷を含め生態心理学者はアフォーダンスを特定する情報については説明するものの、そのような特定がどのようになされるのかをほとんど説明していない。しかし、これまで見てきたアブダクションと知覚との関係をふまえるならば、情報の特定とはまさにアブダクションであると言える。つまり、行為者は多くの場合、環境中に無数にある行為の実現を特定する情報を選択している（選択的アブダクション）し、社会関係のようにそれまでなかった情報についてはすでにある情報を組み合わせることであらたに特定が可能となる（創造的アブダクション）。このことは先に見たように非言語的な水準から言語的な水準へと接続可能である[*11]。

また、知覚錯誤について染谷（2017: 第八章）はライルの達成動詞という考え方を援用することで、知覚は誤ることはなく、誤っているように見える事態は知覚がまだ達成されていないケースであると主張する。達成動詞ということについてはハーク（Haack 1994: 14）もパースの知覚に関して言及しているし、ドゥスティエ＝プルー（Dostie Proulx 2016: 66–67）が知覚判断における誤りの問題に触れているように、これは批判的常識主義における探究の過程がまだ達成されていない状態と考えることができる点で同じ筋にある。

＊11　紙幅の都合で詳しく論じることはできないが、染谷（2017）が指摘するような、アフォーダンスが持つ潜在性と傾向性の側面を示すものとして、一次性と二次性との組み合わせである知覚像が対応し、そのようなアフォーダンスを特定（指標的側面）し、さらには複数の特定の仕方のなかからひとつのものを選択する（解釈的側面）という点で（言語を含む形での）情報に、知覚判断が対応するとすら言える。

これで直接知覚論に提起されるすべての問題が解決されるわけではなく、知覚の二重性のパースと生態心理学との関係性など興味深い論点も残ってはいるが、少なくともパースの知覚論、特にアブダクションを利用することで、生態心理学とパースの知覚論が相互に発展的な仕方で問題を解決の方向に進める可能性は示せたのではないだろうか。

おわりに

以上で見た議論のほかにもチェメロ（Chemero 2017）は、生態学的アプローチの観点からセンソリモータ・エンパシーという形で、ジャズの即興演奏などを例にあげながら表象によらない協調行動について説明を行っており、アトキンスが提示するにとどまっていたセンソリモータと知覚像との関係を考察するための素材を与えてくれる。

トラウト（Trout 2010）が批判的常識主義を媒介にしながら指摘しているように、パースの知覚論は、知覚には程度の差はあれ推論的な側面が含まれていると指摘することで、人種差別など社会・政治的な問題に対して生態心理学に従来とは異なるアプローチを提案できる。

もちろんパースの知覚論とギブソンの知覚論を容易に組み合わせることはできない。しかし、パースの知覚論の側からはアブダクションや批判的常識主義などの考えを提供することで、生態心理学の側からは神経科学や運動科学における豊富な研究事例を提供することで、さらなる知覚論の展開が期待できるのではないか。さらなる展開については今後の課題として、本稿ではその期待を記すことで終えたい。

参考文献

Atkins, R. K. (2017). "Inferential Modelling of Percept Formation: Peirce's Fourth Cotary Proposition," in K. A. Atkins (eds.), *Peirce and Perception and Reasoning: From Icon to Logic*, New York, NY: Routledge: 25-39.

Bergman, M. (2007). "Representationism and Presentationism," *Transactions of the Charles S. Peirce Society*, 43 (1): 53-89.

Chemero, A. (2016). "Sensorimotor empathy." *Journal of Consciousness Studies*, 23: 138-152.

de Waal, C. (2013). *Peirce: A Guide for the Perplexed*, Bloomsbury Academic.

Dostie Proulx, Pierre-Luc (2016). "Getting to Reality through Perception: Peirce and Scientific Realism," *Cognitio: Journal of Philosophy*, 17 (1): 55-72.

Gibson, J. J. (1986). *The ecological approach to visual perception*, Hillsdale, NJ: Lawrence Erlbaum Associates. (Original work published in 1979)

Haack, S. (1994). "How the Critical Common-Sensist Sees Things," *Histoire Épistémologie Langage*, 16 (1): 9-34.

佐古仁志（2014）「究極的な論理的解釈項としての「習慣」とパースにおける「共感」」『叢書セミオトポス9　着ること／脱ぐことの記号論』新曜社、一九〇―二〇三頁

佐古仁志（2018）「「投射」を手がかりにした「アブダクション」の分析と展開」『叢書セミオトポス13　賭博の記号論』新曜社、一四四―一五八頁

染谷昌義（2017）『知覚経験の生態学』勁草書房

Sorrell, K. (2015). "Peirce, Immediate Perception, and the 'New' Unconscious: Neuroscience and Empirical Psychology in Support of a 'Well-Known Doctrine,' "*The Journal of Speculative Philosophy*. 29 (4): 457-473.

Tiercelin, C. (2005). "Abduction and the semiotics of perception," *Semiotica* 153: 389-412.

Trout, L. (2010). *The Politics of Survival: Peirce, Affectivity, and Social Criticism*. New York: Fordham University Press.

Wilson, A. (2012). "The perception of generals," *Transactions of the Charles S. Peirce Society: A Quarterly Journal in* American *Philosophy,* 48 (2): 169–190.

Wilson, A. (2016). *Peirce's Empiricism: Its Roots and Its Originality*. Lanham: Lexington Books.

Wilson, A. (2017). "What Do We Perceive: How Peirce 'Expands Our Perception," in Hull K. & Atkins R. K. (eds.), *Peirce on Perception and Reasoning: From Icons to Logic*, New York, NY, Routledge: 1–13.

研究論文

〈モニュメント〉という記述方法——二〇〇〇年代のクシシュトフ・ヴォディチコ

瀧　健太郎

はじめに

現代アートの祭典「ドクメンタ一一」（二〇〇〇年）で、発展途上国やグローバル経済、人口流入などを扱った写真や映像によるドキュメンタリー形式の作品が多く紹介されたことは、アートの記録性を二十一世紀初頭の傾向の一つとして印象づけた。その多くはパフォーマンスやイベントといった一回性の出来事の記録に留まらず、社会問題の当事者による参加や協働を通じた問題提起や、具体的な政治課題の駆け引きにも繋がるケースもあり、アートとアクティヴィズムの中間領域として発展しつつある。もちろんこの潮流は突如として現れたわけではなく、ヨーロッパを中心に一九七〇年代から八〇年代にかけ、第二次世界大戦の戦禍の記憶や痕跡に関わるアートが紹介され、人類史的な記録として存在感を増してきた経緯がある。これらの傾向に、アートの「出来事を記述する・想起させる」機能を認めるとするなら、アート以外の他の手法での記述や記憶術との差異や有効性について検討しておく必要がある。

ポーランド出身で現在ニューヨークを拠点に活動する現代アーティスト、クシシュトフ・ヴォディチコ（Krzysztof Wodiczko, 一九四三—）は、一九八〇年代に建築物や彫像へのスライド投影を行う〈パブリック・プロジェクション〉や、ホームレスや移民の人々にむけてデザインされた装置を提供し、路上で実演させたことなどで知られている。彼のアート・プロジェクトもまた公共空間を舞台にし、制度から排除された人々に焦点を当て、あるいは権力側によって設置された記念碑を諧謔的に扱うことで、場と密接に関わる出来事の記述を試みていると捉えることができる。

ところでヴォディチコは二〇〇〇年代に入り、新たに記念碑の建築計画や構想に着手しはじめた。そこでは〈パブリック・プロジェクション〉でみられた既存の記念碑を転用する手法と異なり、新規の記念碑を提示することで「記念碑の在り方」を問う試みがなされている。例えば記念碑が「忘却されること」と、逆に「記憶を強化させ続けること」との両極に注目するなど、記念碑の現代的な有効性への模索がみられる。

そのようなヴォディチコの記念碑計画に対し、例えば美術史家ロザリン・ドイチェは、後に詳しく述べるパリ・凱旋門を刷新する提案について、人々の内的な好戦性と歴史的な戦争を結びつけていることを擁護する一方で[*1]、その対象に記念碑を利用することの理由付けや必然性に言及していない。ドイチェのみならず[*2]、ヴォディチコのアート・プロジェクトの評価では、政治的文脈や社会心理学的な読解を試みるあまり、プロジェクトでの対象となる建築や彫像の潜在的な機能や意味が見落とされているように思われる。確かにヴォディチコの試みは一次的には参加者の内的な変化を促すよう仕向けられている。一方でその過程には、意識変化を促す対象の吟味に重きが置かれ、証言や声を場に刻み込むためのさまざまな工夫が施されていることも見逃せない。それは記念碑を対象にすることで、固定化し、常態化していた文脈を転倒させることと、新規の記述を行うことが、同時に検討され、作者の問題提起を深化させていると考えられる。この仮定のもとに本稿では、ヴォディチコの二〇〇〇年代の問題系を〈モニュメント〉とし、一般的な記念碑との差別化を図りなが

＊1
Rosalyn Deutsche, *Hiroshima After Iraq: Three Studies in Art and War*, Columbia University Press, 2011, p.67.

＊2
ドイチェのほか、次の例においても、記念碑であることの必然性が明確ではない。Synn Freya Chaeki, "Culture of War," *Krzysztof Wodiczko Instrument Monuments Projections*, exh. cat., National Museum of Modern and Contemporary Art, Seoul, Korea, 2017, p.184.

ら、その具体案を時系列的にたどり、作者の目論見がさまざまな地政学的条件下における意識変化を出来事として記述する場の試行であることを追う。その上で、彼の問題提起と記念碑の関係を詳らかにし、その記述方法を探ることで彼の芸術的な戦略と、出来事を人類史の時間軸上に記述させる記憶装置としてのアートの機能について考察を進めていく。

1 〈モニュメント〉という問題提起

一般的に記念碑といえば、ある人物、事件、歴史的・社会的出来事を記念するために建てられたものを指す。その分析には、例えば十九世紀後半に美術史家アロイス・リーグルによる、都市空間に設置され、市民に歴史的価値を喚起させる「意図した記念物」と、経年によって偶然に古びの価値を得た「意図しない記念物」を大別し、それぞれに使用的価値やその忘却について言及したものがある。[*3] ヴォディチコは一九八〇年代に記念碑へのスライド投影を試みた際、被投影体としての建築や記念碑と投影イメージの選定に、このリーグルの分析を参照している。

ヴォディチコと記念碑の関わりについて概説しておくと、彼は共産党独裁政権下の一九六〇年代のポーランドで工業デザイナーの職につき、その傍らアーティスト活動を開始した。一九六九年には共同名義でマイダネク絶滅収容所の記念碑の建築コンペに応募している。[*4] カナダ亡命後の一九八〇年代から、記念柱や凱旋門にミサイルのイメージや、都市のランドマークとなる尖塔や時計台に社会的な衝突を示す身体のイメージをスライド投影するなど、記号的意味や象徴性をずらすことで、政治・社会的な問題を連想させる〈パブリック・プロジェクション〉シリーズを手掛けた。渡米後の一九八〇年代後半から九〇年代にかけて、ホームレスの人々に移動可能な住居兼乗り物や、

*3
アロイス・リーグル『現代の記念物崇拝——その特質と起源』尾関幸訳、中央公論美術出版、二〇〇七年。ヴォディチコへの影響は、次の論考に詳しい。越前俊也「スライドによる《パブリック・プロジェクション》——その性格と起源」『文化学年報』同志社大学文化学会、二〇〇五年、二四五—二四七頁。

*4
Andrzej Turowski, "The Art of Ideology," *Krzysztof Wodiczko, Passage 1969-1979*, exh.cat. Profile Foundation, Warsaw, Poland, 2013, pp.28-29.

移民のためのスピーチマシンを提供し、自発的な行為や発話を喚起させることで彼らを疎外した再開発や移民政策の不備に焦点を当てた。その際、ヴォディチコは、都市の周縁に追い込まれたこれらの人々を、新たな都市の記念碑に仕立て上げるという主旨を述べている。日本では原爆ドームに戦争被害者の証言と手のイメージを映し出すなど、これまで社会問題を提起する手段として、記念碑をモチーフにした発表を行ってきた。

これらの試みに対しヴォディチコは、二〇〇〇年代に入ると、記念碑の転用ではなく、自ら新たな記念碑を計画する〈モニュメント〉シリーズに取り組んでいる。その契機として、彼がニューヨークで9・11に遭遇したことを挙げることができる。9・11発生後のアメリカ合衆国政府の好戦的な政策と、外国人排斥の空気感に対し、彼は設置作品《不審なものを見かけたら……》(二〇〇五年)[*5]や、屋外での投影イベントである《退役軍人プロジェクション》(二〇〇八年)を発表し、移民労働者や帰還兵らの苦境に関する証言とともに、戦争が遠隔地だけではなく、心理的な戦場として国内でも繰り広げられていることに言及した。これら9・11以降の彼の試みでは、それ以前の作品で顕著であった視覚や記号的なインパクト以上に、社会問題の当事者の心境を中心に据え、観客により強い共感や意識変革を迫る要素を強めている。それはひとえにヴォディチコが9・11以降、排外的に扱われた当事者たちと接するなかで、彼らを生み出す社会の根本原因に向き合うことになったためであろう。また自身が一九七〇年代に西側へ渡ってきた移民のアーティストであること、長年にわたってホームレスや帰還兵、移民労働者の課題と向き合うなか、類似の社会問題が繰り返されるのを意識させられたことが推測できる。そのためヴォディチコの〈モニュメント〉の提案では、こうした社会問題の根源的な要因として、戦争や植民地政策、それらを司る権威や支配的言説といったより大きなテーマが扱われることになった。

＊5
題名は交通局の標語に由来し、9・11発生後の対外国人への不信感の高まりを象徴させた。

＊6
実際の国立9・11記念碑の計画

では実際のヴォディチコの〈モニュメント〉の提案をみていこう。WTC跡地の記念碑コンペへの批判[*6]として、球体型の記念碑をCG描画で提示した《国立9・11記念碑》（二〇〇八年）では、テロ攻撃の現場となったWTC周辺だけではなく、かつてニューヨークに到着した移民たちが通過したエリス島など、マンハッタン周辺の歴史的拠点を記念碑建築が水上移動し、周遊させる提案がなされた。[*7]そこでは、過失による殺人者の避難・追放の場であり、復讐者による仇敵の追跡を禁じた旧約聖書の逸話「逃れの町」が参照され、国家によるテロと報復戦争を暗に批判し、マンハッタン島全体を9・11の追想の場にすることが描かれた。[*8]

《凱旋門——戦争廃絶のための世界機関》（二〇一〇年）ではパリのエトワール凱旋門に外部を覆う構造体を設け、戦争廃絶の記念博物館に変容させる提案が行われた。計画では訪問者が凱旋門のファサードや門内部にあるさまざまな彫刻や石板を仔細に見ることができ、これまでの戦争にまつわる歴史についての知見を広める場が想定された。また両案とも、記念碑内部にテロ被害や紛争の現状を議論する広場や教育的な施設の設置が計画された。これら〈モニュメント〉の提案は、報復戦争の契機となった9・11の体験への作者による応答として始動し、さらに複数のテーマを掲げたプロジェクトへと続く。

《奴隷制廃止記念碑——ナント》（二〇一一年）（次頁図）は、本稿で紹介される〈モニュメント〉事例のなかで唯一の実現されたプロジェクトだ。一九九八年にナント市議会がフランスにおける奴隷制廃絶一五〇周年の記念碑建設を決議し、国際コンペを通じて、ヴォディチコと建築家ジュリアン・ボンダーの共同による建設計画が選出され、二〇一一年に完成した。[*9]

ナント中央駅からトラムで数分のロワール川沿いに設置されたこの記念碑は、地表に二千枚のガラス板が埋め込まれた地上部と、その地下に一四〇mほど伸びた回廊で構成されている。ガラス板

は、遺族の要望からWTC跡地への設置要望があり、コンペで選ばれた建築家ダニエル・リベスキンドの案が二〇〇三年二月に一旦決定した。しかしテロ攻撃の六週間前に借り受けが決定していた不動産開発業者の介入により、SOM（Skidmore, Owings & Merrill）側に主導権が移り、最終的に折衷案として二〇一一年に開館した。『Casa BRUTUS no.91』マガジンハウス社、二〇〇七年十月号、一一二頁。

＊7 *Krzysztof Wodiczko. On Behalf of the Public Domain*, exh. cat., Art Museum Lodz, Poland, 2015, p.294.

＊8 Krzysztof Wodiczko, *City of Refuge A 9/11 Memorial*, ed. Mechtild Widrich and Mark Jazombek, Black Dog Publishing, London, U.K., 2009, p.16.

＊9 *Krzysztof Wodiczko. On Behalf of the Public Domain, ibid.*, p.269.

には奴隷売買の主要な港であった数々の都市名と、同じくその重要拠点であったナントから、奴隷売買のために出帆した「船名・就航記録」が記載されている。地下通路部分には、回廊壁面に設置されたガラス製の展示パネルが九〇mほど続いており、訪問者は「世界人権宣言」ほか、五百年以上続いた奴隷売買に関する歴史と、奴隷にまつわる経済的・文学的な引用について閲覧できる。訪問者が傍らに川の波音を聴きながらナント港湾へと向かい、人類の歴史を遡行できるような空間に構成されている。[*10]

このほか、計画案のみである《国立ホロコースト記念碑——オタワ》（二〇一三年）[*11]では、カナダにおけるホロコースト生存者のための記念碑計画と、核兵器廃絶を訴えたポーランド出身の物理学者の名前を冠した《武装解除文化と戦争廃絶のためのユゼフ・ロートブラット協会》（二〇一六年）[*12]をワルシャワに開設する案が、これまで発表されている。

このようにヴォディチコは9・11以降の数年間に、テロ・戦争・大量破壊兵器、それらを生み出した国家思想と政治、植民地政策による人権侵害などをテーマに据え、〈モニュメント〉の計画と実現を行っている。凱旋門の例が示すように、そこには戦争文化を教化し続けてきた記念碑を客観的に分析すること、また自作でそれまで試みてきた利用者に心理的移行を促す効果が検討されて

図　《奴隷制廃止記念碑——ナント》（二〇一一年）クシシュトフ・ヴォディチコ＋ジュリアン・ボンダー

＊10
"Wodiczko in conversation with Czubak," *Passage 1969-1979*, *ibid*, p.29.

＊11
ヴォディチコらの計画は最終選考には漏れ、二〇一七年十月にD・リベスキントとE・バーティンスキーによる国立ホロコースト記念館がオタワに開館した。

いる。さらに地下空間を利用したナントの例にあるように、明確な中心的オブジェを廃し、「批判的な記念碑」の要素が実現されている。次節ではこの「アンチ・モニュメント」というべきヴォディチコの提案の意味について踏み込みたい。

2　記念碑の分析から批判へ

二〇〇〇年代の〈モニュメント〉の提案にあたりヴォディチコは、再びその言葉の定義を探るところからはじめている。彼は記念碑の語源に、過去の「追憶」だけではなく、将来的な出来事への「警告」として考えさせる意味があることに注目した。[*13] そこで彼は自身が手掛ける〈装置〉系の作品が、音声や映像の技術により、使用者の自己視認やアイデンティティに作用し、心理的な変化を引き起こす効果を採用している。例えば《パーソナル・インストゥルメント》（一九六九年）は、両手に仕込んだ光抵抗器が光を音に変換し、風景を音として聴く装置として、作者自身を路上での実演へと駆り立てた。また《ヴィークルⅠ》（一九七一年）では、四輪の箱型の台上を作者が行き来する内省的な行為を動力として、乗り物全体が進むことを象徴させた。その他、前述のホームレスや移民、思春期の若者などにコミュニケーションを促す装置を提供し、公共空間での実演が行われている。これら〈インストゥルメント〉や〈ヴィークル〉と銘打った装置を用いることでヴォディチコは、社会問題の当事者の意見を取り入れ、彼ら自身による問題解決への可能性を提示すると同時に、このような装置を必要とする彼らの危機的状況を訴えてきた。そして装置による意識や行動の変化を、彼らを脅かす権力装置として機能する公共空間や路上という現場で実践させ、奪われた場所の文化的な奪還を模索した。

＊12　ロートブラットは原爆開発に関わるも、核兵器と戦争の廃絶を訴える科学者による国際会議「パグウォッシュ会議」の先頭に立ち一九九五年にノーベル平和賞を受賞。ジョセフ・ロートブラット『核戦争と放射線』小野周監訳、東京大学出版会、一九八二年、二〇六頁、訳者あとがき参照。

＊13　Memorial（記念碑、記念館）がMemento（思い出す）と関係し、Monument（記念碑）の語源にMonumentum（想起する）の他にMoneo（警告する）の意があることから。Wodiczko, "The Fearless Monument Speaks 2003," *Transformative Avant-Garde and Other Writings*, Black Dog Publishing, London U.K., 2016, pp.236-239.

これらの経験からヴォディチコは〈モニュメント〉の訪問者に対しても、戦争文化に晒された状態から、意識や心理的な変化を遂げる装置のような作用を模索したと考えられる。ナントの記念碑では、川沿いに続く空間を訪問者が時間軸をたどるように歩き、史実の上に自らを位置づける効果を狙ったと考えられるが、これはヴォディチコのポーランド時代の設置作品《ア・パッサージ》（一九七二年）の循環する二本の通路の両端に合わせ鏡を配置し、観客に自分の後ろ姿を追い、内省させる効果を踏襲している。

またヴォディチコは、パリ・凱旋門提案の際、世界中の凱旋門の模倣が、植民地政策や戦争賛美、平和のための戦争という修辞を教化させる「巨大なイデオロギー装置」だと述べている。[*14] ヴォディチコの介入以前に戦勝記念碑や戦跡は、人々を戦争文化に晒し続け、好戦性を無意識に煽る装置として機能してきたというのだ。それはリーグルの述べる「歴史的価値の忘却」が許されない状態でもあり、その脱却にむけ、過去の呪縛から記念碑を解き放つことが検討されたことがうかがえる。そのような意識変化の装置をヴォディチコは、暴力や権力と結びつくイデオロギー装置と決別させようと企てたと言える。

ではヴォディチコが記念碑の分析と批判を通じて、〈モニュメント〉としての刷新を試みた具体案とは何だろうか。彼は凱旋門の計画に際し、平和状態が容易なものでなく、まず戦争回避を試みるべきという「非戦文化」のステートメントを掲げて、[*15] 戦跡の意味の転倒を図った。同様にローゼンブラットを冠したワルシャワの例では、「武装解除文化」を目標に掲げ、戦争記念碑の図像学的な分析に加えて、子供向けの戦争ゲームから兵器に至るまで、人々の心理に武装の観念を刷り込むような文化への反証を散りばめた。[*16] こうした現代人の戦争文化への関与については、ジャック・デリダが9・11直後のインタビューで、エネルギー利権に関わる中東政策が、テロを生み出す遠因

＊14
Passage 1969–1979, ibid., p.35.

＊15
クシシュトフ・ヴォディチコ「広島被爆七〇周年に際して」（二〇一五年）、安齋詩歩子・室井尚訳、横浜都市文化ラボ、二〇一七年来日時の配布資料、二頁。

＊16
Krzysztof Wodiczko Instrument Monuments Projections, exh. cat., National Museum of Modern and Contemporary Art, Seoul, Korea, 2017, p.181.

となっていることから、グローバル経済とネットワーク社会では、われわれの誰もが現行の戦争や紛争に無関係ではありえないとした指摘にも表れている。[*17] デリダは安全保障を掲げた報復戦争について「集団的な妄想」と呼び、その悪夢から目覚める別な手段を「夢の政治」とし、思索を巡らせる必要性を説いた。また建築評論家の飯島洋一は9・11以降の建築を語る上で、ユングの「集合的無意識」を取り上げ、戦争やテロなどの惨事が直接の体験の有無にかかわらず、共同体の集合的な記憶に影響を及ぼしていると述べている。[*18] 9・11以降、顕著となった好戦的な態度へのこれら文化的反応を踏まえると、ヴォディチコの〈モニュメント〉の提案もまたオルタナティヴな政治性を模索し、集合意識を変化させるプログラムとして捉えることができる。

加えてヴォディチコは、アーティストやデザイナーが見えないところで「戦争文化」を広めることに貢献し、戦争讃美のプロパガンダに加担する公共機関が作られてきたことを憂慮する。そのように形成された「戦争文化」が人々を分裂症にさせており、その対抗軸としてヴォディチコは政治的意思・倫理的エネルギー・文化的想像力・深い知性・芸術的視点の統合による「戦争文化のアンインストール」の必要性を説く。[*19] その問いかけには、「戦争文化」の書き換えが容易ではなく、まずは非軍事的・非暴力的な解決策にむけた多元的な連携が必要であるとするリアリストとしての平和主義があるのだろう。ロートブラットのような人物を象徴的に用いているのも、彼らが核兵器廃絶という長い道のりに挑んだ先駆的存在であることが挙げられる。ここに至るまで人類が看過してきた歴史的経緯に対し、政治・倫理・心理に及ぶ人類規模の文化の再設定にむけた長期的に稼働する装置として、ヴォディチコは記念碑を不動の物体ではなく、有機的な更新を続ける存在へと変化させようと考えた。そこで、この「戦争のアンインストール」を具現するための実践として、彼は自身の〈モニュメント〉に、訪問者の記憶の回想だけでなく、過去からの警告を知り、主体的な新

＊17 ジャック・デリダ「だれも無実ではない」『発言 米同時多発テロと二三人の思想家たち』中山元編訳、朝日出版社、二〇〇二年、四一頁。

＊18 飯島洋一『現代建築・テロ以前／以後』青土社、二〇〇二年、六六—六七頁。

＊19 ヴォディチコ、前掲テキスト、三頁。

たな書き込みを可能にする一種のフィードバック効果を取り入れたのだろう。それにより個別の戦争の追悼だけでなく、時間的な制約を超え、将来的な戦争を含めたより広範の争いを回避させる、記憶装置としての〈モニュメント〉が構想された。

3 〈モニュメント〉という記述方法とは何か

ひとまず〈モニュメント〉の敷設により、集団的な記憶に関わる装置として、長期的に人類規模の文化の刷新を目論むヴォディチコのコンセプトは了解できたとしよう。彼の提案では「語られた」ことではなく、社会的弱者や被抑圧者らの「語られなかった出来事」の記述を、前面に打ち出すことで、[*20] 侵略戦争や植民地政策といった西洋近代への反省的な態度が示されている。このことを二〇〇〇年代のアートの一つの潮流である社会参与型のアートと照合させると、一九八〇年代の新自由主義経済の導入と、九〇年代の冷戦構造崩壊後に、世界情勢とグローバル化のカタストフが社会的弱者にさまざまな形で押し寄せたこと、またその声なき声を俎上に載せようとするアクティヴィズムとしてのアートの動向などとの関連性も指摘できる。ボリス・グロイスは記録そのものがアートとして成立するアート・ドキュメンテーションを、マネー中心資本主義の台頭により、搾取が人々の内面にまで及ぶ「生政治なるもの」への対抗的実践として、場に対する戦略的な自己記述であると位置づける。[*21]

ヴォディチコの〈モニュメント〉を、生を懸けた人々の存在証明の具体化であると仮定するなら、従来の記念碑が戦果や勝利といった大きな物語を教化する記述方法であったのに対し、彼の〈モニュメント〉は個の生に関わる記述行為の集積として捉えることができる。それは生き残りを

＊20
この考えはベンヤミンの「勝利者の歴史」の影響を受けている。ヴァルター・ベンヤミン『歴史の概念について』鹿島徹訳、未來社、二〇一五年、五一―五二頁。

＊21
ボリス・グロイス「生政治時代の芸術――芸術作品からアート・ドキュメンテーションへ」三本松倫代訳、ドクメンタ一一（二〇〇二年）展覧会カタログ、『表象〇五』表象文化論学会、二〇一一年、一一四―一二四頁。

賭けた証言であり、また証言者と訪問者の間を循環し、固定化されず常に書き込まれ続けるフィードバックの集成である。

そこで想起されるのは、ミシェル・フーコーが『知の考古学』（一九六九年）で示した「言表《エノンセ》」型の記述方法である。フーコーは彼が描く知の構造体《エピステメー》に向け、それ自体が単体である出来事を指し示す「言説《ディスクール》」型の記述が、既決の文脈に組み込まれる可能性を払拭できないのに対し、ある出来事がいつどこで起きたのかという周辺関係と「明確な命題的構造」を前提としない発話として「言表」を対置させた[*22]。フーコーはこの考えを、時間経過にもかかわらず固定化した考古学分野の分析に、ある言説を無意識的に擁護する視点があることに着想を得ている。そこに彼は一つの支配的な権力を見出し、支配層におもねる記述を念頭に、その埒外での記述方法として「言表」のような記述の在り方を導き出した。同様の考え方に、ピエール・ノラが「歴史」と「記憶」を対置させたことを挙げることができる。ノラは「歴史」に事物の時間的連続・変化・関係にのみこだわる相関的な性質があると指摘し、これに対して「記憶」には具体的な空間・動作・図像・事物に根づいた絶対的な性質があると位置づけ、両者の差異を明確に示した[*23]。ノラは体制的な歴史化作業の対抗軸に、現在的な現象としてのマイノリティによる「記憶の場」の必要性を説き、「記憶」は「歴史」にとって怪しげな存在であり、放置しておくと歴史的に抹消される危惧さえあると主張した[*24]。一元的な読解を拒絶するような、遊動的な因子として記述方法の担保を行う必要性を、フーコーは知の集積として描き、ノラは記憶の場として定義づけた。これらの記述法を時間軸上に捉えたのが、ハンナ・アーレントではないだろうか。アーレントは思考が「非時間的な空間」であることを重要視し[*25]、われわれが過去と未来との間の裂け目に立つ試練に晒されていると述べる。将来にむけて、常に非固定的な読解と参照を可能とするような歴史的記述の可能性については、ヴォディチコの〈モ

＊22 ミシェル・フーコー『知の考古学』慎改康之訳、河出書房新社、二〇一二年、一五二頁、一五七頁。

＊23 ピエール・ノラ編『記憶の場――フランス国民意識の文化＝社会史 第一巻 対立』谷川稔監訳、岩波書店、二〇〇二年、三二頁。

＊24 同書、三七頁。

＊25 ハンナ・アーレント『過去と未来の間――政治思想への八試論』引田隆也・齋藤純一訳、みすず書房、一九九四年、一一―一七頁。

ニュメント〉のみならず、アートによる出来事の記述が、「思考することの場」として吟味できる可能性を示している。

このようなアートによる出来事の記述の可能性を担保にすることは、大戦中に廃墟となった都市を想起させるアンゼルム・キーファー、場所の喪失と記憶についての作品を多く手掛けるクリスチャン・ボルタンスキー、「不可視の記念碑」として消滅していく記念碑を設置したヨッヘン・ゲルツ[*26]、記憶による記述と機械的な記録の差異を比較可能とさせたハルーン・ファロッキの映画[*27]など枚挙にいとまがない。そこでは、単純に民族的な出自や、戦禍を逃れた経験の有無といった表面的なことではなく、いずれもアートをある種の聖域として、そこで語らなければ失われるような出来事や権力に対抗する言説を時代や場所に刻印させようとする共通点がみられる。

ヴォディチコの〈モニュメント〉で扱われる弱者の声や「非戦文化」への連帯は、権力側の論理には該当しないばかりか、抹消される危惧さえある。そのような脆弱な文脈の「言表」的な出来事の記述が、アートの形式を借り、知の（この場合は「生の」？）アーカイヴの多様な関連項目として時空間的な広がりを持つ記述を構想させると考えられる。アートにおける出来事の記述とは、語られた証言や発話行為を集積させることで、権力や支配的な言説が排除しようとする思考のための場・空間を確保し続けることだと仮定できる。ヴォディチコの〈モニュメント〉が、訪問者の知覚の変化を促す記憶装置であるとすれば、死者・生者問わず「生き残り」を賭けた人々との共感と連帯による思考の場が可能である。その在り方は組織化された弱者によるオルタナティヴな政治の場であり、前述の哲学的な言説における指摘にあるように、未来にむけて開かれた記述方法が望まれていることを示す。

＊26 香川檀『想起のかたち』水声社、二〇一二年、一四三頁。

＊27 例えば第二次世界大戦時、連合軍偵察機の空撮で強制収容所を捉えていたにもかかわらず、見過ごされていた事実を検証した《世界のイメージと戦争の刻印》（一九八八年）や、湾岸戦争時のカメラ搭載ミサイルから画像認識について言及した《隔てられた戦争　識別＋追跡》（二〇〇三年）など。次の資料に詳しい。ジョルジュ・ディディ＝ユベルマン『受苦の時間の再モンタージュ』森元庸介・松井裕美訳、石井朗編、ありな書房、二〇一六年、八〇―八二頁、一三〇―一三三頁。

4　諧謔による両義性

ここまでヴォディチコの作品事例から、アート形式が非体制的な方法として出来事を記述する経緯を断片的ながら示すことができた。そこでは、アーティストを記憶や痕跡を味方にした民族誌家に仕立て上げるような一端をみてきたが、[＊28] 果たして彼らがどれ程まで美学的探求を超えて、記述作業を芸術表現の中心に据えようとしているか、またその移行や変遷にいかなる意義を感じているか、その全体像を明示するまでには至っていない。今後の研究課題としたい。

　ヴォディチコの場合、既存の記念碑が思考の場としての役割を果たしていないのではないかという危惧が、歴史的反省を現実世界にフィードバックさせるプロジェクトに彼自身を向かわせた。ただしそのような「アクチュアルな記念碑」の実現には困難があるため、単に「不動の記念碑」として象徴的に読み替えたに過ぎない可能性も否定できない。恐らく彼の楽観的意思は、議論の場として稼働する記念碑像を構想させたのだろう。一方で彼の厭世的な理知は、現代の世界的な膠着状態を象徴化する対象として、動かざる記念碑に重ねて諧謔的な意味を表現させたと考えられる。言うなれば記念碑を再定義することで、理想的な場の現時点での実現不可能性を、皮肉を織り交ぜて提示したのではないか。それは例えば9・11の〈モニュメント〉における巨大な浮遊型の球体建築から小型の球状の乗り物が離発着する案や、パリの凱旋門を外骨格で覆い、過去の戦争の遺物を取り囲むという発想などに仄めかされている。それらは一見するとSF的な様相と相まって、「そんなことは不可能だろう」と思わせる部分もあるが、未来から現代社会を古びたものとしてみせるような風刺的な視点をうかがわせる。

＊28　ハル・フォスター「民族誌家《エスノグラファー》としてのアーティスト」石岡良治・星野太訳、『表象〇五』表象文化論学会、二〇一一年、一二五—一五五頁。

その意味で彼の〈モニュメント〉は、人類を内省させるという実際の機能と、不動に関連付けた不可能性という相克する二つの視点から、解釈の自由度を示し、性急な結論ではなく、議論の深化に努める芸術上の戦略を示している。確かに時空を超えた共感や対話は理想的である。しかし、今日の体制的な記述をみると、表面的には個性重視・自由・多様性を掲げているかに映るが、その内実は物量・速度の面から、より強硬な手段で対話や記憶の場を矮小化させようとしているとしかみえない。目下のところわれわれは、ポスト・トゥルースや歴史修正主義、改ざんや検閲など、「出来事の記述」がいとも簡単に操作され、恣意的に忘却させられる危機的状況に晒されている。アートによる「出来事の記述」とは、新自由主義の市場化や効率化が急速に発展された結果、その影響が意識的な領域、つまり人々の記憶にまで及びつつあるという現状に対する、記述の保管場所をめぐるアーティストによる緊急の対応策なのではないだろうか。であるならアートによる「出来事の記述」は、このような世界状況に対する、権力への対抗的な意思の表れであると同時に、「記憶・思考の場」の避難先を模索し続ける営為だと位置づけることができよう。

おわりに

本稿ではヴォディチコの〈モニュメント〉を例に、アートによる出来事の記述の有効性について追った。その試みは、他の社会参与型のアートや対抗文化と同様に、体制的な記述や支配的な言説に対するオルタナティヴな記述方法を時間軸上に刻み込む命題を追求する。他方でそれは時間的遅延に賭けた戦略であるため、その可否を現時点で見通すことが難しい。ヴォディチコは、〈モニュメント〉という記憶をめぐる装置を稼働させる構想の一方で、その有効性を批判することで両義性を担保したまま結論の明示を避ける手法をとっている。彼は、このように出来事の記述の是非や、記憶装置の可不可を宙吊りにさせながら問題提起し続けることで、緊急措置としてのアートの社会的役割を浮き彫りにした。それはあたかも真面目に語ればすぐにかき消されてしまう現状において、ユーモアをともなった中断・途絶を差し込むことで、再びわれわれのバイタリティが喚起されるのかを見定める挑発のようでもある。

資料　日本記号学会第三八回大会について

「食《メシ》の記号論」

日時　二〇一八年五月一九日（土）、二〇日（日）
場所　名古屋大学情報学部ほか（名古屋市千種区）

一日目：五月一九日（土）
（情報学研究科棟1F 第1講義室）

13時30分　受付開始
14時00分―14時30分　総会
14時40分―15時00分　問題提起：秋庭史典大会実行委員長（名古屋大学）
15時00分―17時30分　**第1セッション**
「食の原点と現在」
檜垣立哉（大阪大学）
久保明教（一橋大学）
司会：河田学（京都造形芸術大学）
18時00分―19時30分　懇親会（名古屋大学南部生協食堂2F彩）

二日目：五月二〇日（日）
10時30分―12時00分　学会員による研究発表

分科会A（SIS2 教室）
司会：水島久光（東海大学）
「会計言語説の展開可能性」岡村雄輝（鹿児島県立短期大学）
「パース的観点からの「自己制御」を通じた社会性の獲得について」佐古仁志（立教大学）

分科会B（SIS4 教室）
司会：小池隆太（山形県立米沢女子短期大学）
「集団的な〈記憶装置〉としての記念碑――クシシュトフ・ヴォディチコのアート・プロジェクト研究」瀧健太郎（横浜国立大学）
「怪獣の表象性の研究――『ウルトラ（マン）』シリーズの怪獣は何を表象してきたか」神谷和宏（北海道大学）
「日本の戦後デザインにおける文字組み規範の成立をめぐる一考察」阿部卓也（愛知淑徳大学）

13時30分—15時00分　**第2セッション**（情報学研究科棟1F 第1講義室）

「マンガが描く食——『目玉焼きの黄身 いつつぶす?』と行為としての〈食べること〉」

吉村和真（京都精華大学）

おおひなたごう（京都精華大学）

司会：佐藤守弘（京都精華大学）

15時20分—17時00分　**第3セッション**

「全体討論——食は幻想か?」

山口伊生人（ハチ追い・ハチ食文化研究）

司会：室井尚（横浜国立大学）

17時00分　閉会の辞：前川修会長（神戸大学）

執筆者紹介

秋庭史典（あきば ふみのり）
一九六六年生まれ。京都大学大学院文学研究科博士後期課程修了。博士（文学）。名古屋大学大学院情報学研究科准教授。専門は美学、情報学、ポピュラーカルチャー研究。著書に『あたらしい美学をつくる』（みすず書房、二〇一一年）、『情報を哲学する』（共著、名古屋情報哲学研究会、二〇一八年）、『家族の肖像』（共著、エリプスガイド社、二〇〇六年）、翻訳にR・シュスターマン『ポピュラー芸術の美学――プラグマティズムの立場から』（勁草書房、一九九九年）など。

大﨑智史（おおさき さとし）
一九八七年生まれ。神戸大学大学院人文学研究科博士後期課程退学。現在、立命館大学映像学部講師。専門は映画研究、視覚文化論。論文に「映像のなかのスクリーン――リアプロジェクションをもちいた多層的映像をめぐって」（『美学』第六九巻第二号、二〇一八年）、「マンガのゴースト――マンガの新しい生態系をめぐって」（『マンガ／漫画／MANGA 人文学の視点から』神戸大学出版会、二〇二〇年）など、翻訳にリー・マッキンタイア『ポストトゥルース』（共訳、人文書院、近刊）がある。

おおひなたごう
一九六九年生まれ。漫画家。東京デザイナー学院卒業。現在、京都精華大学マンガ学部新世代マンガコース専任教員。代表作に『俺に血まなこ』、『フェイスガード虜』、『犬のジュース屋さん』、『目玉焼きの黄身 いつつぶす？』など。

河田 学（かわだ まなぶ）
一九七一年生まれ。京都大学大学院人間・環境学研究科博士後期課程修了。博士（人間・環境学）。現在、京都芸術大学教授。専門は文学理論、記号論。主な著作・訳書に『ポケモンGOからの問い』（分担執筆、新曜社、二〇一八年）、『フィクション論への誘い』（分担執筆、世界思想社、二〇一三年）、レーモン・クノー『文体練習』（共訳、水声社、二〇一二年）、『知のリテラシー 文化』（共編、ナカニシヤ出版、二〇〇七年）など。

久保明教（くぼ あきのり）
一九七八年生まれ。大阪大学大学院人間科学研究科後期課程単位取得退学。博士（人間科学）。日本学術振興会特別研究員などを経て現在、一橋大学大学院社会学研究科准教授。専門はテクノロジーの人類学、文化人類学、科学技術社会論。おもな著書に『ブルーノ・ラトゥールの取説』（月曜社、二〇一九年）、『ロボットの人類学』（世界思想社、二〇一五年）など。

佐古仁志（さこ さとし）
一九七八年生まれ。大阪大学大学院人間科学研究科博士課程単位取得退学。博士（人間科学）。立教大学兼任講師ほか。専門は生態記号論。おもな著書・論文に『知の生態学的転回3 倫理』（共著、東京大学出版会、二〇一三年）、「「自己制御」とその極としての「希望」あるいは「偏見」――パースにおける「共同体」」（『叢書セミオトポス14』日本記号学会編、二〇一九年）、「「投射」を手がかりにした「アブダクション」の分析と展開」（『叢書セミオトポス13』日本記号学会編、二〇一八年）、翻訳にジョン・R・サール『意識の神秘』（共訳、新曜社、二〇一五年）など。

佐藤守弘（さとう もりひろ）
一九六六年生まれ。コロンビア大学大学院修士課程修了、同志社大学大学院博士後期課程退学。博士（芸術学）。京都精華大学デザイン学部教授を経て、現在、同志社大学文学部教授。専門は芸術学、視覚文化論。著書に『トポグラフィの日本近代』（青弓社、二〇一一年）、『日本宗教史のキーワード――近代主義を超えて』（分担執筆、慶應義塾大学出版会、二〇一八年）、『開封・戦後日本の印刷広告『プレスアルト』同梱広告傑作選〈1949-1977〉』（分担執筆、創元社、二〇二〇年）、『学校で地域を紡ぐ――『北白川こども風土記』から』（共編著、小さ子社、二〇二〇年発刊予定）など。翻訳にジェフリー・バッチェン『写真のアルケオロジー』（共訳、青弓社、二〇一〇年）など。

瀧 健太郎（たき けんたろう）
一九七三年生まれ。武蔵野美術大学大学院造形専攻科映像コース修了、横浜国立大学大学院都市イノベーション学府博士後期課程修了。博士（学術）。ビデオアートセンター東京代表、専門はビデオアート制作、メディアアート研究。寄稿論文に「ヒロシマとフクシマ：現れの場としての〈顔〉――日本におけるクシシュトフ・ヴォディチコの受容」（『常盤台人間文化論叢』第五巻第一号、横浜国立大学都市イノベーション研究院、二〇一九年）。共著に『ぼくらはヴィジュアルで思考する』（現代企画室、二〇一三年）、『いま、ここからの映像術』（フィルムアート社、二〇〇九年）ほか、DVD企画・出版に『キカイデミルコト　日本のヴィデオアートの先駆者たち』（現代企画室、二〇一三年）、ハルーン・ファロッキ『世界のイメージと戦争の刻印／隔てられた戦争　識別＋追跡』（現代企画室、二〇一八年）。

檜垣立哉（ひがき たつや）

一九六四年生まれ。東京大学大学院人文科学研究科博士課程中途退学。現在、大阪大学大学院人間科学研究科教授。博士（文学）。専攻はフランス哲学・日本哲学。著書に、『食べることの哲学』（世界思想社、二〇一八年）、『日本哲学原論序説』（人文書院、二〇一五年）、『哲学者、競馬場へ行く』（青土社、二〇一四年）、『瞬間と永遠――ジル・ドゥルーズの時間論』（岩波書店、二〇一〇年）、『賭博／偶然の哲学』（河出書房新社、二〇〇八年）など。

前川 修（まえかわ おさむ）

一九六六年生まれ。京都大学大学院文学研究科修了。現在、近畿大学文芸学部教授。専門は写真論、映像論、芸術学。著書に『イメージのヴァナキュラー』（東京大学出版会、二〇二〇年）、『イメージを逆撫でする』（東京大学出版会、二〇一九年）、『痕跡の光学』（晃洋書房、二〇〇四年）、『心霊写真は語る』（共著、青弓社、二〇〇四年）、『映像文化の社会学』（共著、有斐閣、二〇一六年）、『インスタグラムと現代視覚文化論』（共著、BNN新社、二〇一八年）など。

室井 尚（むろい ひさし）

一九五五年生まれ。京都大学大学院文学研究科修了。現在、横浜国立大学名誉教授。専門は哲学、情報文化論。著書に『情報宇宙論』（岩波書店、一九九一年）、『哲学問題としてのテクノロジー』（講談社、二〇〇〇年）、『タバコ狩り』（平凡社、二〇〇九年）など。

山口伊生人（やまぐち いおと）

一九七八年生まれ。情報科学芸術大学院大学卒業。修士（メディア表現学）。一級建築士。現在、３２１級建築事務所を主宰。建築設計およびデザインを手がける。あいちトリエンナーレ2019ラーニング・コーディネーター。ヘボ追いを伝えるZINE『HEBO』の企画・編集・デザインを行い、『HEBO』とその製作のための仕組みづくりを、「「へボ追い」の伝え方を考える委員会」のメンバーとしてファシリテートし、二〇一八年度グッドデザイン賞を受賞している。

吉村和真（よしむら かずま）

一九七一年生まれ。立命館大学大学院文学研究科博士後期課程単位取得退学。現在、京都精華大学マンガ学部教授。専攻は思想史・マンガ研究。おもな共編著に、『ブックガイドシリーズ基本の30冊　マンガスタディーズ』（ジャクリーヌ・ベルントとの監修・執筆、人文書院、二〇二〇年）、『障害のある人たちに向けたLLマンガへの招待――はたして「マンガはわかりやすい」のか』（藤澤和子、都留泰作との編著、樹村房、二〇一八年）、『複数の「ヒロシマ」――記憶の戦後史とメディアの力学』（福間良明、山口誠との編著、青弓社、二〇一二年）、『マンガの教科書――マンガの歴史がわかる60話』（臨川書店、二〇〇八年）、『「はだしのゲン」がいた風景――マンガ・戦争・記憶』（福間良明との編著、梓出版社、二〇〇六年）など。

日本記号学会設立趣意書

最近、人間の諸活動において（そして、おそらく生物一般の営みにおいて）記号の果たす役割の重要性がますます広く認められてきました。記号現象は、認識・思考・表現・伝達および行動と深く関わり、したがって、哲学・論理学・言語学・心理学・人類学・情報科学等の諸科学、また文芸・デザイン・建築・絵画・映画・演劇・舞踊・音楽その他さまざまな分野に記号という観点からの探求が新しい視野を拓くものと期待されます。しかるに記号学ないし記号論は現在まだその本質について、内的組織について不明瞭なところが多分に残存し、かつその研究が多数の専門にわたるため、この新しい学問領域の発展のためには、諸方面の専門家相互の協力による情報交換、共同研究が切に望まれます。右の事態に鑑み、ここにわれわれは日本記号学会（The Japanese Association for Semiotic Studies）を設立することを提案します。志を同じくする諸氏が多数ご参加下さることを希求する次第であります。

一九八〇年四月

日本記号学会についての問い合わせは
日本記号学会事務局
〒一五〇-八四四〇
東京都渋谷区東四-一〇-二八
國學院大學文学部資料室気付
松谷容作研究室内

[日本記号学会ホームページ URL]
http://www.jassweb.jp/

記号学会マーク制作／向井周太郎

叢書セミオトポス 15
食《メシ》の記号論
食は幻想か？

初版第 1 刷発行　2020 年 6 月 10 日

編　者　日本記号学会
特集編集　秋庭史典
発行者　塩浦　暲
発行所　株式会社　新曜社
〒 101-0051　東京都千代田区神田神保町 3-9
電話(03)3264-4973・FAX(03)3239-2958
e-mail：info@shin-yo-sha.co.jp
URL：https://www.shin-yo-sha.co.jp/
印　刷　長野印刷商工(株)
製　本　積信堂

Printed in Japan　ISBN978-4-7885-1682-3　C1010

好評関連書

日本記号学会編〈叢書セミオトポス14〉
転生するモード　デジタルメディア時代のファッション
かつてファッションはパリコレや、『ヴォーグ』『エル』などに主導されてきたが、現在、ネットには写真投稿による「ファッション」であふれている。モードは何処へ行くのか？
A5判188頁
本体2600円

日本記号学会編〈叢書セミオトポス13〉
賭博の記号論　賭ける・読む・考える
「賭ける」という人類発生とともにある行為はなぜかくも人々を魅了し続けるのか。その魅力と意味を、哲学的、メディア論的、そして記号論的にと多面的に考察する。
A5判182頁
本体2600円

日本記号学会編〈叢書セミオトポス12〉
「美少女」の記号論　アンリアルな存在のリアリティ
我々の周りは美少女のイメージで溢れている。このヴァーチャルな存在になぜ惹かれるのか。美少女は我々をどこに連れて行こうとしているのか。この誘惑的現象を読み解く。
A5判242頁
本体2800円

日本記号学会編〈叢書セミオトポス11〉
ハイブリッド・リーディング　新しい読書と文字学
本あるいは紙と、電子の融合がもたらすグラマトロジーの未来は？　スティグレール、杉浦康平などの思想と実践を参照しつつ、「読むこと」「書くこと」を根底から問い直す。
A5判280頁
本体2900円

日本記号学会編〈叢書セミオトポス10〉
音楽が終わる時　産業／テクノロジー／言説
デジタル化、IT化などで従来の「音楽」概念が通用しなくなろうとしているいま、音楽は何処へ？「ヒトとモノと音楽と社会」の関係を最先端の実践のなかにさぐる試み。
A5判220頁
本体2800円

日本記号学会編〈叢書セミオトポス9〉
着ること／脱ぐことの記号論
着るとは〈意味〉を着ることであり、裸体とは〈意味の欠如〉を着ること。だからこそ脱ぐことは、かくもスリリングなのだ。「着る／脱ぐ」の記号過程を根源的に問い直す。
A5判242頁
本体2800円